Law and Pratice of EXPRESS DELIVERY

快递法律与实务

汤双和　著

东北财经大学出版社　大连
Dongbei University of Finance & Economics Press

图书在版编目（CIP）数据

快递法律与实务 / 汤双和著 . 一大连：东北财经大学出版社，
2023.9（2023.10重印）

ISBN 978-7-5654-4957-4

Ⅰ. 快… Ⅱ. 汤… Ⅲ. 快递-邮政法-中国-文集 Ⅳ. D922.296.4-53

中国国家版本馆CIP数据核字（2023）第 165833 号

东北财经大学出版社出版

（大连市黑石礁尖山街217号 邮政编码 116025）

网 址：http://www.dufep.cn

读者信箱：dufep@dufe.edu.cn

大连永盛印业有限公司印刷 东北财经大学出版社发行

幅面尺寸：170mm×240mm 字数：252千字 印张：13.5

2023年9月第1版 2023年10月第2次印刷

责任编辑：蔡 丽 责任校对：吴 焕

封面设计：原 皓 版式设计：原 皓

定价：68.00元

教学支持 售后服务 联系电话：（0411）84710309

版权所有 侵权必究 举报电话：（0411）84710523

如有印装质量问题，请联系营销部：（0411）84710711

作者简介

汤双和，大连市邮政管理局党组书记、局长。本科毕业于东北师范大学，研究生就读于俄罗斯托木斯克国立大学、大连海事大学。辽宁省政府行政复议法律咨询专家、辽宁省法学会宪法行政法研究会副会长、沈阳大学文法学院客座教授。《法治蓝皮书·辽宁法治发展报告 No.1（2021）》执笔人之一，2020年辽宁省法学会招标课题《疫情防控常态化下快递员权益保护》主持人，辽宁省法学会宪法行政法研究会课题《快递包装绿色化法治保障研究》主持人。在2019年东北三省快递行业"绿色发展、诚信安全新快递"主题征文活动中，《快递业建立"失信告警"系统的思考》获一等奖，《推进快递包装绿色化思考》获二等奖并被收录"中国知网"。工作期间，多次主持单位行政复议和参加行政诉讼。代表单位参加"王锡智诉顺丰快递寄递公文""单君诉自带邮票被要求更换"等行政诉讼典型案例十余次，均胜诉。

序　言

本书是关于快递行业实务问题的法律研究，作者为大连市邮政管理局汤双和局长。作者对行政法的理论和实务素有研究，现兼职任辽宁省法学会宪法行政法学会副会长。我与作者数年前在一次辽宁省宪法行政法会议上结识，此后不时进行交流。承蒙作者对我的信任，其实我对快递行业的实务并不很熟，但盛情难却，在阅读了作者的书稿后，谈一下体会。

伴随着快递行业的迅猛发展，涉及快递行业的法律问题日益激增，相关法律规范以及制度设计亟待完善。就法律和实务而言，快递行业法律和实务问题大致分为：快递绿色化、相关行政执法问题、民事纠纷解决问题以及劳工权益保护四个领域。本书通过总结以上四个领域中出现的问题并结合实际提出解决思路和建议。

一、快递行业相关行政执法

对于快递行业的行政处罚措施，相关主管部门应当做到有力度、有温度，恪守依法行政、正当程序、过罚相当的原则，避免以罚代管、滥用裁量权现象的发生，避免钓鱼执法等执法乱象。结合实际情况，对于符合《中华人民共和国行政处罚法》（以下简称《行政处罚法》）等相关法律规定的经营主体，给予从轻或者减轻处罚。在实践中，注意首违不罚、择一重罚问题，加强法制审核的同时，避免相关执法久拖不决。

对于行政执法调查取证问题，由于快递服务与电子商务等新业态商业紧密相联，相关证据收集工作除应当遵守《行政处罚法》等有关证据的规定外，应当结合快递行业的特点，进一步规范快递行业行政执法证据收集工作。在实践中，对相关执法人员在询问笔录、证据收集和调取等重点领域进行培训，增强执法人员执法能力。

在行政处罚种类方面，除了传统的财产罚、资格罚、行为罚和人身罚外，应当结合快递服务行业公共性、市场性的特点，有效利用警告和通报批评等申诫罚，通过对快递经营主体市场声誉的管理，促进其规范经营。同时，应当建立快递行业失信系统，系统性地对有关快递经营主体进行失信惩戒，参照最高人民法院关于公布失信被执行人名单信息系统，建立行业内部的黄牌制度、健全相关数据库收集和建设、多部门联合执法，倒逼相关企业规范经营，以及行业内部的健康发展。

在行政救济方面，相关行政执法部门以及其他主管部门，应当切实保证行政相对人的救济权利，畅通相关救济渠道，认真落实涉及行政相对人的通知、听证、申辩等法律程序的有效实现。同时，相关行政执法部门以及主管部门应当自主纠错、主动撤销违法执法措施，及时恢复或赔偿执法错误对快递经营主体造成的损失。

对于涉及快递行业的民事纠纷，行政部门可以根据相关民事主体的举报和投诉，依法介入相关民事纠纷，依法进行行政处罚、行政确认、调解等行政活动，但应当坚持符合与公共利益的关联性、民事纠纷的简易性、行政的专业性等前提条件，建立行政调解、仲裁、和解等意思表示和行政谦抑性模式。

二、快递行业民事法律问题

其具体包括以下内容：

（一）快件丢失的纠纷解决

快递服务矛盾主要集中在丢失、延误、投递服务、损毁上。在我国司法判例和司法实践中相关纠纷解决机制主要体现为和解、调解和判决三种。和解是当事人在互相谅解的基础上，对曾经产生的正义进行协商，不经过法律，自行解决的一种方法。其法律概念为"民事诉讼当事人约定互相让步或者一方让步以解决双方的争执活动"。调解是当事人各方在争议的过程冲突，就其权利和义务，在快递申诉中心等的组织下，通过释法等教育疏导，令双方达成一定的协议，自行解决。调解是在和解无法达成一致的前提下进行的，是快递业发展而演化而来的处理快递纠纷的有效举措。诉讼是指纠纷当事人通过向具有管辖权的法院起诉另一方的形式解决纠纷。这是涉快递服务民事纠纷最主要和最有效的解决机制。

面对日益激增的民事纠纷，以上三种纠纷解决机制无法有效止争定分，特别是司法诉讼解决机制由于其成本高、诉讼时间和程序冗长，无法满足有效解决当事人双方之间的争议。相关替代性解决机制亟待建立完善。在德国，解决商务纠纷的主要途径包括调解、调停、专家裁决、仲裁和诉讼，特别是专家裁决。技术或其他非法律专业的专家，往往在商业纠纷的解决上起到重要作用：在常规法院诉讼和仲裁程序中，法官和仲裁员经常委任专家来协助他们对一些需要专业知识的技术和其他非法律问题作出判断。根据《德国民法典》第319条，专家意见如果不存在明显的不合理，则是有约束力的；是否合理，则由国家法院或仲裁庭作出判断。在美国，解决商务纠纷的主要途径，既可以通过法院依法裁决，也可以通过约定仲裁等非诉讼纠纷解决方式进行。诉讼程序耗时费力，以快速便捷为特点的非诉讼纠纷解决方式蓬勃发展。目前，新的非诉讼纠纷解决方式不断被设计出来，包括：

（1）调解与仲裁。它是兼具二者长处的综合纠纷解决方式。先由中立第三方进行调解，若调解失败，中立者则作为仲裁员作出有约束力的终局裁决，非常有效率。

（2）法院附设替代性纠纷解决（ADR），是以法院为主持机构或受法院指导，但与诉讼程序截然不同的具有准司法性的非诉讼纠纷解决方式。其包括法院附设调解、法院附设仲裁、早期中立评估和简易陪审团审判。

（3）小型审理。

（4）租赁法官。

日本的替代性纠纷解决体系与其他国家相比较为成熟和完善。替代性纠纷解决在日本纠纷解决体系中发挥了重要作用。其存在协调和裁判两种类型的替代性纠纷解决机制。与仲裁相比，协调型的替代性纠纷解决应用更加广泛。

（二）保价快递赔付问题

保价是一种加收费用的邮递业务，用于寄递较贵重物品、有价证券、包裹等，如有遗失，邮电部门按保价金额负责赔偿。《快递暂行条例》第二十七条明确规定：快件延误、丢失、损毁或者内件短少的，对保价的快件，应当按照经营快递业务的企业与寄件人约定的保价规则确定赔偿责任；对未保价的快件，依照民事法律的有关规定确定赔偿责任。

从保价的属性上看，适用范围：一是贵重物品、无法定价的物品、运输分拣易损物品；二是多次提出服务质量纠纷的客户；三是特定区域和特定时段。

由于快递价值差异以及举证分配不明等问题，在司法审判实践中出现以下三种问题：

一是许多快递公司在保价合同中都规定：以保价服务中的声明价值与实际价值中较低者来确定赔偿范围。这有违契约精神。

二是在刑事案件中，多数都是互联网诈骗，利用快递保价发送虚假宣传。

三是审判员对邮政快递行业法律和法规不熟，也有当事人或被委托人对法律和法规的了解不清，最主要的还是对证据的把握不当和举证分配问题不明。

民事案件中，不同地区、不同时段的判决差异较大，存在同案不同判的情况。保价的核心是风险分担，但不是免除责任，责任归属的核心还是证据。在证明责任风险分配问题上，仍应当坚持"谁主张谁举证"的原则。

（三）消费者权益保护

消费者权益保护在快递服务行业以及电子商务行业的突出问题表现为：七天无理由退货、知假买假、收到快件别忽略权利等问题。

1. 七天无理由退货

最高人民法院发布的《关于为促进消费提供司法服务和保障的意见》明确了消费者为了查验货品而拆封属于正常需求，而电子商务经营者不得以此为由主张不适用七日无理由退货制度。同时，该意见将因快递人员擅自使用快递商品、违规打开快递包装、暴力分拣快递等故意或者重大过失行为导致快递商品丢失、毁损等问题也纳入无理由退货的范围内，有利于消费者保护自己的权益。

2. 知假买假

从目前消费维权司法实践中，知假买假行为有形成商业化的趋势，出现了越来越多的职业打假人、打假公司（集团），其动机并非净化市场，而是利用惩罚性赔偿为自身牟利或借机对商家进行敲诈勒索。更有甚者针对某产品已经胜诉并获得赔偿，又购买该产品以图再次获利。从节约司法资源来看，商业化的知假买假打假行为无异于浪费司法资源，违背诚实信用原则。但从保护消费者权益来看，特别是食品药品领域，公益性打假有利于保护消费者权益和公共利益。就司法实践而言，在平衡遏制商业化打假和鼓励公益打假之间，需要法官从当事人主观动机、资质、证据等方面审慎裁量判决。

3. 收到快件别忽略权利

随着电子商务的发展，由邮寄人维权可能就全部灭失，由第三人行使请求权就可能减少部分损失的维权方式随处可见。值得注意的是，不论第三人是依据法律规定还是当事人约定而取得请求债务人承担违约责任的权利，在合同的实际执行过程中，第三人可能并不持有诉争的合同，或合同履行相关的书证资料，就可能产生第三人提起诉讼、证明其诉讼请求和主张的举证障碍。涉及合同当事人撤销向第三人履约的约定对第三人的影响、第三人的权益转让有何规范、请求权的诉讼时效等问题，尚需在司法实践中进一步明确。

三、劳工权益保护问题

快递行业劳工权益保护主要集中于以下四方面：

一是取得劳动报酬权易受侵犯。由于劳动合同签约率不高、以罚代管现象严重，快递员的劳动报酬权受到侵害的状况更加明显。

二是休息权难以保障。随着快递业务量的增长，快递员的"时间负荷期限"

不断被突破。

三是社会保险缺失。在无合同"护身"的情况下，快递员也面临着缺少社会保险的问题。为快递员缴纳社会保险会使得快递公司的成本增加，为了节约成本、减轻负担，不缴纳社会保险成为潜规则。

四是工伤认定以及补偿问题突出。

为了有效解决上述问题，大致有以下三个解决思路：

一是完善快递员权益保护的法律和法规。寻求劳动行政部门与行业主管部门之间的管制合作，以特别立法规制快递总部的"统一管理"。

二是加强劳动监察部门的行业监管。加大对快递公司，尤其是基层加盟网点的劳动监察力度。开展快递从业人员权益维护执法专项行动，督促快递公司严格执行《中华人民共和国劳动合同法》等法律和法规。

三是加强快递行业工会组织建设。以职工需求为导向，工会开展更多的普惠性服务，更好地保障一线快递人员的合法权益，让他们有更多获得感。

此外，随着电子商务和快递服务业务的快速发展，快递包装材料问题以及由此造成的环境污染问题日益突出。因此，应当实现快递包装绿色化。所谓快递包装绿色化，是指在充分发挥快递包装保护和防护作用的基础上，实现快递包装的循环使用、再生利用，且对生态环境和人身健康不形成公害。《中华人民共和国民法典》（以下简称《民法典》）关于运输合同的规定明确了包装货物应当遵循绿色原则，相关行政法规和地方性法规也对相关问题有明确规定。这为快递包装绿色化目标提供了法律依据。然而，快递行业的现实与绿色化目标仍有较大差距。具体而言，在法律层面上，我国缺少专门的法律规范规制管理快递包装问题，相关地方立法与国家立法缺少有效的分工协作，有关责任主体不明确，使得快递包装绿色化难以有效实现。对比国外治理经验，实现快递包装绿色化，应当加快促进绿色化标准化，明确快递业务各环节相关主体责任，建立专门机构监管以及配套的激励机制。

全书紧紧围绕实践，具有强烈的问题意识，结合实际进行法律分析，不空谈理论。相信本书的出版对我国快递业的健康发展大有裨益。是为序！

王世涛

（大连海事大学法学院教授，博士生导师）

2023年5月

前　言

2012年，我进入邮政管理系统工作，经历了快递业的高速发展时期，感受到新业态对原有生活模式的冲击。我国快递业与电子商务共同经历了蓬勃发展的过程，电子商务的发展促进了快递业的爆发，快递业的健康发展给电子商务发展提供了有力支撑。随着互联网和电子商务创新，行业法律和法规逐步完善，快递行业的服务模式也不断优化。快递行业的从业者多数都是阳光向上、任劳任怨的年轻人，他们穿梭在大街小巷，工作强度远远超出"996"，也逐渐得到了社会的关爱。由于新业态发展快，缺少学习时间，文化程度不齐等原因，快递从业者急需以通俗易懂的方式来学法用法。

邮政管理系统的从业者多数能熟练掌握行业法律和法规，如《中华人民共和国邮政法》（以下简称《邮政法》）、《快递暂行条例》、《快递市场管理办法》，但是对于相应的基础法如《行政处罚法》、《中华人民共和国行政许可法》（以下简称《行政许可法》）等掌握得不够熟练，对于横向交叉的法律如《中华人民共和国安全生产法》、《中华人民共和国反恐怖主义法》（以下简称《反恐怖主义法》）等还很陌生。例如，在小区投递快递如果产生纠纷，将涉及多重法律关系，不但涉及《邮政法》《快递暂行条例》，还涉及《民法典》《中华人民共和国物业管理条例》等。尤其是随着业务量的增加，行业的创新优化与法律和法规的滞后之间的矛盾、用户的个性要求与快递员流动性大之间的矛盾，以及用户信息保护与快递员时效性要求之间的矛盾更加凸显，对于执法者如何严格执法和把握执法温度都提出时代要求。

"法律的生命不在于逻辑，而在于经验。"我根据在地市邮政管理局和省级邮政管理局的工作经验以及在行政复议和行政诉讼中的经验，从2020年7月起开设微信公众号"老汤说法"，重点是围绕行政法和邮政快递业涉及的法律和实务的文章。文章中依据行业特点进行抽丝剥茧的分析，指出问题的核心和解决办法，帮助行政执法人员清晰理解立法本意和立法思想；帮助快递员正确规范服务行为；帮助用户通过学习利用法律武器保护自身权益。我在写作书稿的过程中遇到的新问题，得到了辽宁省资深法官常中彦和康宪雷的指导、辽宁省法学会宪法行政法研究会会长张锐智教授的支持，以及与行业青年才俊黄木子、白皙、王春赫等进行探讨。本书以行政法规为基础，以邮政业法规为架构，构建了快递行业新业态法治文化生态理论与实务体系。在这里要特别感谢几年来在写作过程中帮助我修改润色的黄木子女士，以及在书稿写作过程中帮助编排体系的王春赫同志。

　　快递行业所涉及的法律和法规问题已经进入人们的日常生活，给法律和法规特别是行政法与民法的交叉带来了尖锐挑战。本书从法律理论篇和实务篇两个方面，大力加强对于快递员权益保障的法治宣传，目的是让更多人知法、懂法、守法、用法，让快递员、快递用户维护自身权益，在学习法律知识的过程中感受到友善、公平和正义。例如，《极端天气造成快递延误或淋湿损坏的法律责任》《以案释法：女孩网购毒蛇，承运快递公司责任几何？》《快递用户投诉中民事行为与行政行为的处分》等，切合行业实际，给行政管理人员以行动支撑，给社会勤劳群体快递小哥以关爱，给广大用户维权以救济。

　　本书重点围绕《邮政法》《快递暂行条例》《行政处罚法》等进行以案释法，汇集了快递服务中常见、常惑、常犯的现实问题。新的问题还会不断出现，"路漫漫其修远兮，吾将上下而求索"，我愿用毕生的精力为快递行业的发展与繁荣贡献微薄之力。

　　"I know nothing except the fact of my ignorance."由于个人认知的局限，本书的内容还不完备，所述观点是管孔之见，希望大家批评指正。

作　　者

2023 年 5 月

目　录

理论篇

实务篇

理论篇

1.邮政行政管理与行业秩序

伦纳德·D.怀特（Leonard D. White）在《行政学概论》中将行政制度分为两种：自治范型和官僚范型。官僚行政组织是政府行政管理的主体，体现了秩序化价值。我国的行政管理主要是官僚行政的范式，实行立法和行政权分离，坚持合法行政原则、合理行政原则、程序正当原则、高效便民原则、诚实守信原则、权责统一原则。《中华人民共和国民法典》（以下简称《民法典》）、《行政处罚法》等都提出立法目的是维护社会和经济秩序，《民法典》还特别强调要"弘扬社会主义核心价值观"，把"公序良俗"的地位进行固化。

"人的本质不是单个人所固有的抽象物，在其现实性上，它是一切社会关系的总和。"①秩序的原意是指有条理、不混乱的情况，行业秩序属于"社会秩序"，是为维护社会公共生活所必需的秩序，由法律，行政法规，国家机关、企事业单位和社会团体的规章制度等所确定。建立良好行业秩序是稳定预期服务社会有序发展的要求，是行政管理部门构建和谐社会的自然属性。

邮政行政管理秩序，就其狭义概念（政府行政行为）而言，政府行政行为也要植根于涉邮法律和法规，保障公民、法人或其他组织的合法权益。首先，要解决结构设置的随意性；其次，要避免组织运行的非理性化和低效率化；最后，要提升对立法本意的认识。

邮政快递业的秩序行政是以行政不违法（人的基本权利+公序良俗+成文法）为前提的，有效施行行政管理，保障法律和法规的贯彻落地，推动社会不断进步和提升人民群众的获得感。

---

① 马克思．关于费尔巴哈的提纲［M］//马克思，恩格斯．马克思恩格斯选集：第1卷．中共中央马克思恩格斯列宁斯大林著作编译局．北京：人民出版社，1995：60.

2.推进快递包装绿色化思考①

习近平总书记2018年5月在全国生态环境保护大会上指出："保护生态环境必须依靠制度、依靠法治。只有实行最严格的制度、最严密的法治，才能为生态文明建设提供可靠保障。"我国政府已经对新时代生态法治建设进行了顶层布局。总结过往法治实践，回应并满足人民群众在生态环境方面的需要，是当前亟待研究的重大课题。

一、问题的提出

快递包装是一种比较纯粹的运输类包装，是为保证快递商品在运输途中的安全而进行的二次包装。生活中人们普遍将商品自身的包装纳入快递包装的范畴。如我国的快递包装主要有编织袋、塑料袋、封套、包装箱（瓦楞纸箱），并在进行包装时辅之透明胶带和快递运单。包装中回收率最高的为纸箱，但回收率不足10%；以聚乙烯为主要材料的包装袋、透明胶带只能通过填埋或焚烧的形式处置。

以辽宁省为例，2022年全省快递业务量累计完成17.12亿件，同比增长4.19%，业务收入累计完成168.92亿元。同期，快递业纸箱和塑料袋的使用量分别占行业包装用品使用量的约51%和42%，这就意味着辽宁省2022年产生快递塑料垃圾14 380吨（垃圾袋约有7.19亿个，以平均20克/个估算），产生包装纸箱8.73亿个；落地快递产生塑料垃圾28 760吨，产生包装箱17亿个。以快递业当前的发展速度推算，到2035年，辽宁省快递业务量将达到40亿件，产生垃圾袋17亿个、包装箱20亿个，落地包装垃圾还将进一步增加。快递包装已成为一种环境公害。

"快递小哥是美好生活的创造者。"快递业是推动流通方式转型、促进消费升级的现代化先导产业，极大地方便了人民日常生活。同时，快递包装废弃物进一步增多，对社会公共环境造成巨大压力，治污成本明显提升。如果不对快递包装

① 汤双和，白皙. 推进快递包装绿色化思考［J］. 环境保护与循环经济，2019，39（5）：87-90.

进行规制，包装垃圾还会不断增加，影响生态文明建设。实现快递包装绿色化需要政府、电商平台经营者、快递包装生产者、快递公司、消费者多方主体共同努力。

快递包装绿色化应符合可持续包装联盟对绿色包装的定义：

（1）包装减量化；

（2）包装可回收（再利用）；

（3）包装可降解；

（4）包装无公害。

据此，快递包装绿色化是指在充分发挥快递包装保护和防护作用的基础上，实现快递包装的循环使用、再生利用，且对生态环境和人身健康不形成公害。

二、我国快递包装绿色化法律制度现状分析

（一）有关快递包装绿色化的各项规定

在法律层面，没有快递包装绿色化的相关规定。《中华人民共和国环境保护法》（以下简称《环境保护法》）、《中华人民共和国固体废物污染环境防治法》（以下简称《固体废物污染环境防治法》）、《中华人民共和国循环经济促进法》、《中华人民共和国清洁生产促进法》（以下简称《清洁生产促进法》）仅是对商品包装有零散规定。如《清洁生产促进法》要求生产者尽到削减污染的义务，避免过度包装，同时以法律规范的形式要求各级人民政府对环保型产品优先采购。

在国务院制定的行政法规和部门规章层面，《快递暂行条例》为我国快递包装绿色化、减量化提供了明确指引："国家鼓励经营快递业务的企业和寄件人使用可降解、可重复利用的环保包装材料，鼓励经营快递业务的企业采取措施回收快件包装材料，实现包装材料的减量化利用和再利用。"

在国家标准层面，中华人民共和国国家市场监督管理总局、中华人民共和国国家标准化管理委员会发布了《绿色产品评价 快递封装用品》（GB/T 39084—2020），倡导推广使用绿色环保封装用品；国家邮政局出台了《快递电子运单》（GB/T 41833—2022），规范快递电子运单的生产和使用，推动资源节约。

在规范性文件层面，国家邮政局、各省邮政管理部门因地制宜联合其他政府部门制定了促进快递包装绿色发展的政策。如国家邮政局等10部门联合印发了《关于协同推进快递业绿色包装工作的指导意见》。各省（自治区、直辖市）、市邮政管理部门依据国家邮政局相关政策相继出台了符合本省（自治区、直辖市）、市实际的各项细化政策。

　　辽宁省邮政管理局制定了《关于推进邮政行业绿色发展的实施方案》，为确保绿色发展提供行业政策支持。辽宁省大连、铁岭、朝阳等市相继以规范性文件的方式鼓励地方各快递公司对快递包装进行回收。商务部会同九部门联合发布《关于推广标准托盘发展单元化物流的实施意见》，推动载具循环共用，实现供应链绿色流程再造。国家邮政局制定《推进快递业绿色包装工作实施方案》，推进快递包装规范化治理、减量化处理、绿色化发展。

（二）快递包装绿色化存在的法律问题

1.缺少专门性的法律

　　目前我国尚未制定关于包装的基本立法，快递包装绿色化的专门法更没有。《邮政法》未对快递包装绿色化作出规定，《快递暂行条例》采用"鼓励"字样倡导使用环保包装材料，而不是使用"应当"设定义务性规范，硬约束性不强。

2.缺少地方立法与国家立法的分工与协作

　　地方立法不同于国家层面的立法，其不局限于法律规则的体系性，而更为强调法律规则的针对性与可操作性。依据《中华人民共和国立法法》第七十二条第二款的规定："设区的市的人民代表大会及其常务委员会根据本市的具体情况和实际需要，在不同宪法、法律、行政法规和本省、自治区的地方性法规相抵触的前提下，可以对城乡建设与管理、环境保护、历史文化保护等方面的事项制定地方性法规，法律对设区的市制定地方性法规的事项另有规定的，从其规定。"但目前尚无省（自治区、直辖市）、市出台与快递包装绿色化相关的地方性法规，因此，虽有关于快递包装绿色化核心法，但配套法规不足，法律框架不明确，法律体系不健全。

3.责任主体不明确

　　就政府各部门行使公权力而言，快递业包装绿色化的监管涉及环保部门、商务部门、发展改革部门、海关检疫检验部门、市场监督管理部门和邮政管理部门。多头监管，使得协调快递包装回收源头方与终端方困难重重。

　　快递包装绿色化法律行为不仅牵扯到政府，还包括包装生产企业、电商平台经营者、快递公司和每个消费者。快递包装生产商、电商平台企业和快递公司作为企业，基于社会公共利益的需要，在追求各自经济利益的同时，又承担选用可降解生产材料、可循环利用包装材料、安全包装材料以及合理包装的责任。消费者在享受到商品服务带来的效益的同时，出于对整个社会公共利益的考量，对处理包装材料有合理分类、科学处置的责任。最后，作为快递包装回收终端的材料站，材料处理企业在享受到国家政府对环保产业优惠利好政策的同时，又履行行业标准，承担提高材料回收处理技术水平的责任。但我国现行的法律中，并未对相关主体的责任进行划分，这样就会造成大家认知上的不协同，产生绝大多数地区仅靠拾荒者进行分类的状况，使得节约资源和循环利用成为一句空话。

三、包装绿色化国外先进经验

快递包装在国外工业发达国家出现得比较早，许多国家通过制定相关法律实现快递包装的绿色化，对我国有很好的借鉴意义。

（一）德国——二元回收体系建设

德国是开展包装废弃物循环利用的先驱，在包装绿色化方面的特点是以《循环经济法》为核心，先后颁布了《包装废弃物管理法》《循环经济与废物管理法》等配套法律和法规，实施生产者责任延伸制度，强化企业生产者、经营者及消费者的回收责任；提出包装废弃物管理应按照减量化、再利用、再循环、最终处置的顺序进行。同时，德国进行二元回收体系建设，即在地方政府负责管理和监督运行的公共生活垃圾回收处理系统之外建立专门负责销售包装废弃物的回收和处理的系统（DSD）：通过协议与地方政府、上下游企业进行合作，构建了销售包装废弃物从生产到回收再生的封闭回路。

（二）日本——完善的回收制度

日本很早就致力于包装废弃物的循环再利用。20世纪末，日本先后出台了《容器包装回收法》《容器包装回收利用法》《包装再生利用法》《能源保护和促进回收法》，形成了完备的包装回收系统。日本回收制度细化到极致，包装材料回收率高，民众环保意识强，消费者、企业、政府责任明确，法律可执行性强。日本将废弃物材料细分为17类，并严格进行分类回收，而我国只分为可回收和不可回收两类，且大多数情况下有名无实。

（三）美国——经济激励和地方性政策

美国在包装绿色化方面的特点是管理起步较早，20世纪90年代开始实行绿色包装，专门制定了《资源保护与回收利用法》用以加强管理及对各个层面进行相关的研究。包装废弃物的管理由州自行根据实际情况制定政策，政府通过细致的地方性经济激励措施指导和支持民众减少包装材料的使用。如加利福尼亚州不仅规定对包装废弃物进行分类回收，还成立了城市废料统一管理委员会，专门用来监督回收工作的实施，增强消费者和企业的回收意识。

四、促进快递包装绿色化法律制度构想

"对于法律有效的执行，必须在创制阶段便予以充分的考虑，如果到了真正执行阶段才予以考虑，可能就会有这样或者那样的问题出现，使得法律的执行效果大打折扣。"快递包装绿色化需要调动各方面的积极性，协调相关主体利益，立法可能是最为有效的途径。有了法律规范的指引、约束和保障，快递包装的绿色化就有可能实现。

（一）确定促进快递包装绿色化的立法标准

法律既是一种行为规则，也是一种价值导向。实质正义强调法律规范要从全局的角度考虑不同的人和不同的现实情况。为了实现绿色发展，快递包装绿色化法律的制定和适用，不仅要根据特定时期的特定条件来确定，而且要考虑多数人的实际需要和社会发展的内在要求，由此，快递包装绿色化法律应符合社会本位价值。"立法的核心问题是社会资源的公正分配问题"，同时，应将维护公平竞争原则作为材料回收法律体系的核心原则。自由市场竞争具有积极的经济功效，但竞争本身具有强烈的利益驱动属性和排他属性，这容易使竞争者破坏竞争规则，形成垄断。因此，竞争者需在法律许可范围内选择竞争对手、竞争手段和策略。

（二）明确促进快递包装绿色化各环节的主体责任

由于快递数量多，环保包装材料价格高、品质不稳定是难以绿色化的主要原因。快递包装绿色化立法是对相关社会资源的分配和再分配，责任明晰的绿色包装使用和回收体系建设尤为重要。从经济效益的角度看，电商平台经营者通过网上交易而受益，快递包装生产企业通过售出包装而获益，快递公司通过履行运输合同而获益。从环境保护责任承担的角度看，依据"谁污染谁治理"原则，电商平台经营者、快递包装生产企业、快递公司和消费者都应该承担相应的责任。

1.明确各政府部门在快递包装回收中的职责

企业是经济人，唯有快递包装绿色化能使企业增加收益或降低成本时，企业才会自主进行包装回收。快递包装绿色化呈现出前期投入大、收益周期长、损害公共环境的特点，因此，需要政府发挥统筹协调和调控的作用，推动快递包装绿色化发展。面对多头监管的不足，政府部门之间的综合协调机制不可或缺。环保部门作为环境保护主管部门应发挥其综合协调作用，发挥邮政管理部

门的行业主管职责，推进行业绿色治理。

2.扩大快递包装生产企业责任

产品本身的性能、品质以及是否具有无害性，通常是由它的生产者所决定的。因此，建立企业生产责任制尤为重要。可降解材料的选用和对后续回收利用环节责任的设定是企业生产责任之构建的重点。如从事可降解包装生产的辽宁东盛集团，通过研发获得包装相关产品实用新型专利、发明专利，推动快递绿色包装在营口地区的推广使用。

3.夯实快递公司的责任

快递公司作为快递包装的"制造者"，其责任承担对快递包装绿色化进程影响重大。快递公司应推广使用可循环、可降解包装选材，同时在各快递门店建立快递包装回收点，实现快递包装回收再造。如辽宁省大连、铁岭、朝阳等市部分快递公司相继设立快递包装回收站，以快递废旧包装兑换积分抵扣运费，通过提高消费者回收积极性，促进快递包装可循环。

4.完善电子商务平台经营者的责任

当前快递包裹中，电商包裹占有较高比重，是快递废弃物较大的产出者。电子商务平台作为推动电子商务平台内经营者与消费者之间建立经济联系的媒介，要在确保交易安全的前提下，主动作为，推动快递包装绿色化。

（1）加强平台内经营者的管理，要求平台内经营者在线上环节简化包装设计，仅起到防护作用即可。电商商品可以直接配送给客户，从源头上避免二次包装。

（2）履行快递包装绿色化的相关宣传义务，引导广大消费者全面认识新型快递包装的特性和回收利用办法。

5.强化消费者的环保意识

消费者身为网购大军，直接参与快递材料的回收处理，是快递包装量的源头所在。因此，增强环保意识，明确环境知情权，建立各种奖惩制度，以保障材料回收分类制度的切实执行。

6.提升第三方民间公益组织的作用

可借鉴德国DSD系统的成功经验，成立专门负责对包装废弃物进行回收利用的第三方公益性民间组织，由地方政府给予财税优惠政策，在城市群中进行快递包装回收和分类：能直接回收的则送返产品制造商，其他送到再生处理厂进行循环利用。以较低的费用完成快递包装的回收再利用，提升企业与消费者参与的积极性。

（三）明晰促进快递包装绿色化的激励机制和约束机制

权利与义务是对等的，激励与约束是相对应的。促进快递包装绿色化，既需要通过激励机制鼓励人们自觉守法，又需要通过约束机制强制人们守法。环保低成本的方式才符合可持续发展的理念。

许以利益有时是最好的动力。有效的激励措施会使更多企业主动回收利用快递包装。美国在财税和奖励方面做得十分到位，如《废弃物处理预收费法》规定：包装企业对其所生产的产品的回收率与政府对其征收的废弃物的处理预收费挂钩，回收率越高，免费幅度越大。我们可以借鉴美国的做法，在法律中明确激励措施，对采用绿色包装材料的电商和快递公司予以适当的经济补贴或其他政策优惠。扩大对参与快递包装绿色化企业的财税优惠范围，让参与循环体系的企业享受到政策红利，构建良性发展体系。

加以惩戒有时是最好的驱动。企业具有经济理性，会在违法收益和违法成本间进行权衡，而成本收益的分析结果会对其是否选择违法产生重要影响。对那些以牺牲环境为代价的企业开征环境税或依据法律进行连续性处罚，为生态破坏和环境污染买单，倒逼企业以绿色化为导向，改进生产方式，改良生产技术，从社会利益出发促使包装企业走循环健康的可持续发展道路。

生态环保大会指出，要全面推动绿色发展。绿色发展是构建高质量现代化经济体系的必然要求，是解决污染问题的根本之策。希望本文能抛砖引玉，吸引更多的有识之士参与快递包装绿色化问题的相关探讨，合力解决我国的快递包装绿色化难题，实现"绿水青山"的伟大梦想！

3.快递员之间好意同乘与"和谐""友善"

快递员之间互相搭乘、互相带货是常态，也是"友善"的行为表现，法律上称之为"好意同乘"。好意同乘也称搭顺风车、搭便车，是指搭乘人经非营运性机动车的保有人或驾驶人的邀请或允许后无偿搭乘的行为。

《民法典》第一千二百一十七条规定："非营运机动车发生交通事故造成无偿搭乘人损害，属于该机动车一方责任的，应当减轻其赔偿责任，但是机动车使用人有故意或者重大过失的除外。"

好意同乘的主要特征：

一是非营运性。同乘人搭乘的是非营运性机动车辆，非机动车不属于此范围。

二是无偿性。好意搭乘是一种无偿搭乘行为，好意人不向同乘人收取报酬。虽然有的同乘人也支付了一定费用，但只要好意人不是以营利为目的的，就仍属于好意同乘的范畴。

三是合意性。同乘人的搭乘行为是经好意人同意的，包括邀请和允许；未经同意而搭车者，不构成好意同乘。

《民法典》排除了故意和重大过失两种情形。

好意同乘是社会主义核心价值观"和谐""友善"的具体体现。"和谐"社会就是全体人民各尽其能、各得其所而又和谐相处的社会，用社会学的术语来表达就是良性运行和协调发展的社会。和谐社会是一个以人为本的社会，是一个可持续发展的社会，是一个大多数人能够分享改革发展成果的社会。"友善"即公民（自然人）之间人际交往的行为标准，即要像朋友、亲近之人一样尽心尽力。好意同乘驾驶人的行为符合社会道德和绿色出行理念，应受到鼓励和支持。因驾驶人不具有法律规定或事先约定的义务，仅仅是为他人利益，出于互利互助、提供便利的善意目的，邀请或允许搭乘人免费乘坐车辆，故好意同乘本质上并不属于民事法律行为，而系一种好意施惠行为。有序社会中道德与法律两者是互补的关系。好意同乘本是道德范畴内的一种社会行为，它具有节约社会资源、缓解交通压力、弘扬互助风气等优势。然而一旦发生交通事故，该行为就可能随之转化为侵权行为，由此接受法律的调整和规范。

　　尽管好意同乘是一种无偿、善意的施惠行为，但无偿搭乘并不意味着搭乘人同意承担一切事故风险，驾驶人对搭乘人所负的安全保障义务也不因为无偿而免除或减轻。因此，如因驾驶人具有故意或重大过错致使搭乘人受到损害，且搭乘人没有过错的，则不应减轻驾驶人的赔偿责任。为贯彻对有偿受益人的保护高于对无偿受益人的保护的原则，以及鼓励相互帮助、好意施惠等行为，即使驾驶人有一般过失的，人民法院也应当根据案件具体情况，减轻驾驶人的责任。

4.解读《民法典》快递包装物的绿色要求

近年来，随着网络经济和消费理念的变化，快递呈现出井喷式增长态势。塑料包装物作为电商和快递运输包装的主要包装材料，在方便电商、快递和消费者的同时，也造成了环境污染。压实企业主体责任和行政单位的监督责任将是今后一个时期的主要整治方式。

《民法典》对货物运输承运人包装是如何规定的？

《民法典》第八百二十七条规定："托运人应当按照约定的方式包装货物。对包装方式没有约定或约定不明确的，适用本法第六百一十九条的规定。

托运人违反前款规定的，承运人可以拒绝运输。"

《民法典》第六百一十九条："出卖人应当按照约定的包装方式交付标的物。对包装方式没有约定或者约定不明确，依据本法第五百一十条的规定仍不能确定的，应当按照通用的方式包装；没有通用方式的，应当采取足以保护标的物且有利于节约资源、保护生态环境的包装方式。"

《民法典》第五百零九条："当事人应当按照约定全面履行自己的义务。

当事人应当遵循诚信原则，根据合同的性质、目的和交易习惯履行通知、协助、保密等义务。

当事人在履行合同过程中，应当避免浪费资源、污染环境和破坏生态。"

《民法典》第五百一十条："合同生效后，当事人就质量、价款或者报酬、履行地点等内容没有约定或者约定不明确的，可以协议补充；不能达成补充协议的，按照合同相关条款或者交易习惯确定。"

《民法典》中的"绿色规定"本着节约资源、保护生态的立法宗旨，将环保概念引入民事法律规范，为快递业可持续健康发展奠定了法律基础，也使"节约资源、保护生态发展"成为民事主体（电商、快递）从事民事活动时需要遵循的一项不可或缺的基本原则，是《民法典》总则第一编第九条的具体体现，也体现了《环境保护法》《清洁生产促进法》《固体废物污染环境防治法》等法律，对于减少快递包装物对生存环境的污染、对自然资源的过度消耗具有积极且重大的现实意义。

5.规范性文件是否可以作为处罚依据?

《行政处罚法》第四条规定:"公民、法人或者其他组织违反行政管理秩序的行为,应当给予行政处罚的,依照本法由法律、法规、规章规定,并由行政机关依照本法规定的程序实施。"

对于行政处罚的设定,《行政处罚法》第九至十四条也有明确规定。可以简单理解为:法律、行政法规、地方性法规、规章等是行政处罚的实施依据。而规范性文件多数约束行政机关内部成员,不对社会成员具有约束力。

以上只是一般性原则,《中华人民共和国行政复议法》(以下简称《行政复议法》)和《中华人民共和国行政诉讼法》(以下简称《行政诉讼法》)规定了对规范性文件的合法性审查,说明规范性文件已经在客观行政处罚实践中产生相当的影响力。

《行政诉讼法》第五十三条规定:"公民、法人或者其他组织认为行政行为所依据的国务院部门和地方人民政府及其部门制定的规范性文件不合法,在对行政行为提起诉讼时,可以一并请求对该规范性文件进行审查。

前款规定的规范性文件不含规章。"

第六十四条规定:"人民法院在审理行政案件中,经审查认为本法第五十三条规定的规范性文件不合法的,不作为认定行政行为合法的依据,并向制定机关提出处理建议。"

这从侧面反映出规范性文件在裁量基准等方面的影响力。

对规范性文件合法性判断的审查要件主要包括以下四个方面:

第一,规范性文件的制定主体是否合法,关键在于审查该规范性文件所针对的事项是否属于该制定主体的主管范围。

第二,规范性文件的制定主体是否超越了法定权限,关键在于审查其是否行使了应当由其他主管部门、上级部门或立法部门等行使的法定权限,是否超越了其法定的职权范围。

第三,规范性文件的内容是否合法,"应当主要从其具体规定是否符合上位法、制定目的是否正当、是否符合法律的基本原则、是否有事实依据等角度进行审查"。

第四，规范性文件的制定程序是否符合法定要求。

朱芒教授在《法学前沿问题》中提到："实践中众多的规范性文件已经变为法律的某个条文或者某个概念的解释基准或者裁量基准，它们虽处于下位，但是其实际上已经进入了法规范的内部。"对外发生效力的仍是法律，案卷制作时适用的必须是法律、法规或者规章规定。规范行政处罚程序的设定和实施，保障和监督行政机关有效实施行政管理，维护公共利益和社会秩序，保护公民、法人或者其他组织的合法权益是当前行政相关法律和法规的基本指导思想。重申：规范性文件不能对执法相对方直接发生效力！

6.用证据说话

——依法行政的法理

行政机关在诉讼中没证据一定输，有证据不一定赢！

行政诉讼一审答辩状（又叫行政起诉答辩状）是作为被告一方的行政机关，对原告起诉状中提出的诉讼请求及事实、理由进行答复、辩解和反驳的一种法律文书。其一定要有依有据，因其作用是：反驳原告提出的事实和理由，维护自己的主张；同时，答辩状如期提交（避免举证失权），更有利于人民法院了解被告方的证据和依据，查明案情，明辨是非。

逾期提供证据，视为放弃举证权利。这是关于举证失权的规定。证据失权是举证时限制度的核心，是指当事人丧失提出证据的权利，实质是丧失证明权。当事人如果丧失了证明权，就意味着无法行使主张权和陈述权，进而导致在诉讼中产生不利后果。

被告不提供或者无正当理由逾期提供证据的，视为被诉具体行政行为没有相应的证据。这是证据失权的规定。这个证据失权的规定与原告或者第三人的规定有所不同。原告和第三人关于证据失权是从举证权利的角度来规定的，被告的证据失权则完全是从举证义务的角度来规定的。如果被告不提供是一种故意行为，无正当理由逾期提供证据则是过失行为。对于这两种情形，司法解释作了拟制性的规定——视为被诉具体行政行为没有相应的证据。也就是说，不管事实上被告是否有证据和依据，只要没提供或逾期提供，在法律上就视同没有相应的证据和依据。

《行政诉讼法》第三十四条规定："被告对作出的行政行为负有举证责任，应当提供作出该行政行为的证据和所依据的规范性文件。

被告不提供或者无正当理由逾期提供证据，视为没有相应证据。但是，被诉行政行为涉及第三人合法权益，第三人提供证据的除外。"

7.行政处罚的送达

　　行政处罚的送达主要参照《行政处罚法》《中华人民共和国民事诉讼法》（以下简称《民事诉讼法》）的相关规定，是行政处罚程序的重要组成部分，是产生效力与否的必备要素。

　　送达是指司法机关按照法定程序和方法将诉讼文书或法律文书送交收件人的诉讼行为。

　　送达回证是指人民法院或其他司法机关按照法定格式制作的，用以证明送达法律文书的凭证。它既是送达行为证明，又是受送达人接受送达的证明，是人民法院与受送达人之间发生诉讼法律关系的凭证。

　　《行政处罚法》第六十一条规定："行政处罚决定书应当在宣告后当场交付当事人；当事人不在场的，行政机关应当在七日内依照《中华人民共和国民事诉讼法》的有关规定，将行政处罚决定书送达当事人。"行政执法机关作出行政处罚决定后，多数情况下不是当场交付当事人的，而是采取《民事诉讼法》规定的送达方式送达。但是，有些行政执法机关在采用民事送达方式送达时，未注意各种送达方式的先后顺序，为了图省事，直接采用公告送达方式送达，导致送达行为程序违法、送达无效的后果。

　　《行政诉讼法》第一百零一条规定："人民法院审理行政案件，关于期间、送达、财产保全、开庭审理、调解、中止诉讼、终结诉讼、简易程序、执行等，以及人民检察院对行政案件受理、审理、裁判、执行的监督，本法没有规定的，适用《中华人民共和国民事诉讼法》的相关规定。"

　　《民事诉讼法》第八十八条规定："送达诉讼文书，应当直接送交受送达人。受送达人是公民的，本人不在交他的同住成年家属签收；受送达人是法人或者其他组织的，应当由法人的法定代表人、其他组织的主要负责人或者该法人、组织负责收件的人签收；受送达人有诉讼代理人的，可以送交其代理人签收；受送达人已向人民法院指定代收人的，送交代收人签收。"

　　《民事诉讼法》第八十九条规定："受送达人或者他的同住成年家属拒绝接收诉讼文书的，送达人可以邀请有关基层组织或者所在单位的代表到场，说明情况，在送达回证上记明拒收事由和日期，由送达人、见证人签名或者盖章，把诉讼文书留在受送达人的住所；也可以把诉讼文书留在受送达人的住所，并采用拍照、录像等方式记录送达过程，即视为送达。"

《民事诉讼法》第九十一条规定："直接送达诉讼文书有困难的，可以委托其他人民法院代为送达，或者邮寄送达。邮寄送达的，以回执上注明的收件日期为送达日期。"

《民事诉讼法》第九十二条规定："受送达人是军人的，通过其所在部队团以上单位的政治机关转交。"

《民事诉讼法》第九十三条规定："受送达人被监禁的，通过其所在监所转交。

受送达人被采取强制性教育措施的，通过其所在强制性教育机构转交。"

《民事诉讼法》第九十五条规定："受送达人下落不明，或者用本节规定的其他方式无法送达的，公告送达。自发出公告之日起，经过三十日，即视为送达。"

从上述规定中可以看出，首先应直接送达；不能直接送达的，可采取留置送达、邮寄送达、转交送达。受送达人下落不明，或者用本节规定的其他方式无法送达的，才可适用公告送达；不能在未采取其他送达方式之前就采用公告送达。转交送达有特定对象，留置与邮寄送达方式可以自行选择。因此，行政执法机关在送达行政处罚决定时，应依法选择送达方式，以避免送达程序违法。

8.从修订的《行政处罚法》看"责令改正"的属性

庞德认为，法律必须稳定，但又不能静止不变。2021年1月22日第十三届全国人民代表大会常务委员会第二十五次会议通过《行政处罚法》修订案，2021年7月15日正式施行。

法律之所以必须发展，一方面因其自身难以克服的滞后性，不能适应社会变迁；另一方面受制于立法技术的疏漏，难以完备。此次修订《行政处罚法》，坚持为行使行政处罚权定规矩、画界线，为了推进严格规范公正文明执法、保障行政执法既有力度又有温度，作了一系列针对性规定，与"责令改正"相关的主要条款是：

修订后的《行政处罚法》加入：

第二条 行政处罚是指行政机关依法对违反行政管理秩序的公民、法人或者其他组织，以减损权益或者增加义务的方式予以惩戒的行为。

第九条 行政处罚的种类进行调整为：

（一）警告、通报批评；

（二）罚款、没收违法所得、没收非法财物；

（三）暂扣许可证件、降低资质等级、吊销许可证件；

（四）限制开展生产经营活动、责令停产停业、责令关闭、限制从业；

（五）行政拘留；

（六）法律、行政法规规定的其他行政处罚。

第十一条 行政法规可以设定除限制人身自由以外的行政处罚。

法律对违法行为已经作出行政处罚规定，行政法规需要作出具体规定的，必须在法律规定的给予行政处罚的行为、种类和幅度的范围内规定。法律对违法行为未作出行政处罚规定，行政法规为实施法律，可以补充设定行政处罚。拟补充设定行政处罚的，应当通过听证会、论证会等形式广泛听取意见，并向制定机关作出书面说明。行政法规报送备案时，应当说明补充设定行政处罚的情况。

第十二条 地方性法规可以设定除限制人身自由、吊销营业执照以外的行政处罚。

法律、行政法规对违法行为已经作出行政处罚规定，地方性法规需要作出具体规定的，必须在法律、行政法规规定的给予行政处罚的行为、种类和幅度的范围内规定。法律、行政法规对违法行为未作出行政处罚规定，地方性法规为实施法律、行政法规，可以补充设定行政处罚。拟补充设定行政处罚的，应当通过听证会、论证会等形式广泛听取意见，并向制定机关作出书面说明。地方性法规报送备案时，应当说明补充设定行政处罚的情况。

第二十八条 行政机关实施行政处罚时，应当责令当事人改正或者限期改正违法行为。

当事人有违法所得，除依法应当退赔的外，应当予以没收。违法所得是指实施违法行为所取得的款项。法律、行政法规、部门规章对违法所得的计算另有规定的，从其规定。

从《行政处罚法》第九条中可以看出，无论是修改前还是修改后，都没有把责令改正作为行政处罚的种类。按照修订后的第二条对行政处罚的解释："行政处罚是指行政机关依法对违反行政管理秩序的公民、法人或者其他组织，以减损权益或者增加义务的方式予以惩戒的行为。"也就是说，"责令改正"行政相对人的改正行为应该是应尽义务，没有减损权益或者增加义务，所以不是惩戒。

"改正"意味着把错误的改为正确的。改正的含义包含两层：一是已经存在的行为或状态是错误的；二是经过一定的行为，使之前的行为或状态变为正确的。强调的是由错误变为正确的过程，"责令"是命令某人或某机构负责做成某件事，其核心含义在于"做成"某件事；如果没有"做成"，则不符合责令的含义。

在具体行政处罚的实践中，要注意以下几点：

第一，忠实立法目的和立法本意，符合条文的规范要求，主要把握：

一是法条明确"责令改正，没收违法所得，并处以××元以上××元以下罚款"的，要责令改正和处罚并行。

二是法条规定"责令改正，可以处××元以下的罚款；情节严重……"，应该先责令改正，可参考改正的结果设定罚款。

三是法条规定："责令限期改正，逾期不改正，处以××元以上××元以下处罚，并可以责令停业整顿。"责令改正是行政处罚的重要参考系数，是前提，执法相对方达到了改正内容的最低要求，就不要施以处罚。

第二，为切实保障公民、法人和其他组织的合法权益，解决违法成本低等突出问题，主要从以下角度出发：

一是补充行政处罚种类，引入行为罚、资格罚等方面的行政处罚种类。

二是要求违法所得除依法退赔外予以没收。

三是延长涉及公民生命健康安全、金融安全且有危害后果的违法行为的追责期限。

第三，强化处罚与教育相结合原则，提高社会对行政处罚的认可度，主要有以下举措：

一是增加首违可以不罚，明确初次违法且危害后果轻微并及时改正的，可以不予行政处罚。

二是明确没有主观过错不罚，规定当事人有证据足以证明没有主观过错的，不予行政处罚。

三是增加从旧兼从轻适用规则，实施行政处罚，适用违法行为发生时法律、法规、规章的规定；但是，作出行政处罚决定时，法律、法规、规章已被修改或者废止，且新的规定处罚较轻或者不认为是违法的，适用新的规定。

行政执法的价值绝非"为罚而罚"，而是具有制止和惩戒违法行为的性质，同时有预防和减少违法行为的功能。对违法者的惩戒，也是对潜在违法活动的警示。大力推行"温度执法"，对轻微违法者进行说服教育、警告劝诫也能起到防止和减少严重违法行为、降低社会危害性的作用，也是落实"处罚与教育相结合"的具体体现。修订后的《行政处罚法》第三十三条第一款关于"初次违法且危害后果轻微并及时改正的，可以不予行政处罚"的规定，具有可操作的现实意义。

9.法制审核制度

法制审核制度是为了进一步规范行政处罚和行政强制行为，提高行政执法质量，促进依法行政的有效举措。修订后的《行政处罚法》于2021年7月15日起施行，增加了以下条款：

第五十八条　有下列情形之一，在行政机关负责人作出行政处罚的决定之前，应当由从事行政处罚决定法制审核的人员进行法制审核；未经法制审核或者审核未通过的，不得作出决定：

（一）涉及重大公共利益的；

（二）直接关系当事人或者第三人重大权益，经过听证程序的；

（三）案件情况疑难复杂、涉及多个法律关系的；

（四）法律、法规规定应当进行法制审核的其他情形。

一、法制审核的范围

作出行政处罚等行政执法行为时有下列情形之一的，应当进行法制审核：

（1）涉及国家和社会公共利益的；

（2）需经听证程序作出的；

（3）案情复杂，涉及多个法律关系的；

（4）法律、法规、规章规定应当进行法制审核的；

（5）其他需要进行法制审核的情形。

二、法制审核的主体及期限

承担法制审核职责部门，在收到重大行政执法申请法制审核相关材料之日起，5个工作日内审查完毕。因特殊情况需要延长期限的，经领导批准，法制审核时间可以延长5天。

案情复杂、专业性较强的案件，可以组织召开座谈会、专家论证会等进行研究论证。

审核重大行政执法决定，以书面审核为主；必要时，可以向当事人了解情况、听取陈述和申辩，进行调查。

三、法制审核内容

（1）行政执法主体是否合法、适格，执法人员是否具备执法资格；

（2）行政相对人认定是否准确；

（3）办案程序是否符合法定要求；

（4）案件事实是否清楚，证据是否确凿充分，执法文书是否规范；

（5）适用法律依据是否准确；

（6）处理建议是否合法、适当；

（7）执法裁量是否合理、公正。

四、法制审核结果及其反馈

对重大行政执法行为进行审核后，根据不同情况，提出相应的书面意见或建议：

（1）对事实清楚、证据确凿充分、定性准确、执法适当、程序合法的，提出同意的意见；

（2）对违法行为不能成立的，提出不予行政处罚的建议，或者建议行政执法机构撤销案件；

（3）对事实不清、证据不足的，建议补充调查，并将案卷材料退回；

（4）对行政执法定性不准、适用法律不当的，提出修正意见；

（5）对行政执法程序违法的，提出纠正意见；

（6）对超出本机关管辖范围的，提出移送意见；

（7）对重大复杂案件，建议集体讨论决定。

条款要求：行政机关中初次从事行政处罚决定法制审核的人员，应当通过国家统一法律职业资格考试取得法律职业资格。由于需要对执法主体审核，审核部门和人员应与执法主体部门分设，在没有相关专业人员的情况下，要充分发挥法律顾问和公职律师在法制审核中的作用。

10.不能久拖不决

《行政处罚法》第六十条规定："行政机关应当自行政处罚案件立案之日起九十日内作出行政处罚决定。法律、法规、规章另有规定的，从其规定。"过去，一些行政管理领域关于行政处罚办案期限的规定有所缺失，导致部分行政主体办理行政处罚案件存在办案拖拉、久拖不决等问题，严重影响行政效率，影响行政程序的合法性。《行政处罚法》明确行政处罚的办案期限，作为大法的兜底规定，对行政主体的办案期限提出明确要求，极有利于救济被侵害人的合法权利，维护社会秩序的稳定。

从另有规定看，相关规定有所不同，例如：

《中华人民共和国治安管理处罚法》（以下简称《治安管理处罚法》）第九十九条规定："公安机关办理治安案件的期限，自受理之日起不得超过三十日；案情重大、复杂的，经上一级公安机关批准，可以延长三十日。为了查明案情进行鉴定的期间，不计入办理治安案件的期限。"

《邮政行政处罚程序规定》第四十一条规定："适用一般程序处理的案件应当自立案之日起九十日内作出处理决定；案情复杂，不能在规定期限内作出处理决定的，经邮政管理部门负责人批准，可以延长至一百二十日；案情特别复杂，经延期仍不能作出处理决定的，应当由邮政管理部门负责人集体讨论决定是否继续延期，但办案期限最长不超过一年。"

案件办理过程中听证、检验、检测或者鉴定以及发生行政复议或者行政诉讼的，所需时间不计入本条第一款规定的期限。

为什么要设置行政处罚办案期限？

（1）缺乏对行政处罚办案期限的规定，容易导致违法行为所侵害的权利不能及时得到恢复，进而可能引发更大的矛盾。

（2）行政违法行为通常不像刑事犯罪行为一样有严重的危害后果，其证据很容易消失，因此需要及时进行调查取证；否则，很有可能由于没有证据证明违法行为，违法行为人逃脱应有的处罚。

（3）被处罚人的合法权利得到充分的尊重，可以为被处罚人维护自身权利保留申辩的时间。

（4）违法行为的类型多种多样以及其他特殊情况的存在，致使行政主体不能严格按照一般办案期限的规定作出处罚行为，这时就需要有期限延长的相关规定。

规定行政处罚办案期限的目的在于督促行政主体积极履行其职责，但是在行政处罚中有些事项（鉴定、检测等）的期限并不是行政主体能够掌握的，这时就不能把这些事由所需的时间计入办案期限当中。对于行政主体能够掌握期限的事项，如听证、调解等事项，则不应该被排除在办案期限之外。

行政处罚首先应该关注的是程序公证、依法行政，有时还必须考虑社会后果和长远预期，维护社会规则和社会秩序。如果片面追求效率，往往有损于程序正义，执法人员也可能粗制滥造，草草了事。某种意义上高时效的处罚不一定是好的行政，就像一个医生的医术高低不能用问诊病人的数量来判断。行政处罚的唯一目标就是维护公共利益和社会秩序，保护公民、法人或者其他组织的合法权益，行政处罚办案期限的设定也只能服务这个目的。

《行政处罚法》对行政处罚办案期限的规定，弥补当前分散立法带来某些领域缺乏法律依据的不足，行政处罚办案期限将成为对行政处罚案件法制审查中的一项重要程序内容，也是对以往行政处罚实践中"重实体轻程序"的一种修正，更能体现行政程序的价值。

结论：行政处罚涉及的领域比较广泛，作出处罚行为的难易程度不一样，办案期限不应该"一刀切"地规定。因此，在单行的法律、法规有特殊规定的情况下，适用特殊的期限，这样就更加符合实践的需要。同时，统一的规定能弥补有些领域没有规定办案期限的不足，使得全部处罚领域都有办案期限的限制，成为法定程序的重要组成部分。特殊性规定优于一般性规定，新法优于旧法，违法行为延续的就要考虑"从旧兼从轻"，这是行政处罚的基本原则。

11.择一重罚

《行政处罚法》第二十九条规定："对当事人的同一个违法行为，不得给予两次以上罚款的行政处罚。同一个违法行为违反多个法律规范应当给予罚款处罚的，按照罚款数额高的规定处罚。"

这一条款包含两个原则：第一句包含了"一事不再罚"；第二句包含了"择一重罚"。"择一重罚"容易产生理解争议的是"同一违法行为"，在行政处罚实践中如何把握是关键。"择一重罚"是《刑法》"择一重罪"原则的延伸，在没有具体行政法释义前，参考《刑法》的相关规定是"不二抉择"。

"数罪并罚"是指对犯两种以上罪行的犯人，就所犯各罪分别定罪量刑后，按一定原则判决宣告执行的刑罚。数罪，是指一人犯几种罪。在判决宣告以前犯几种罪的是数罪，但判决宣告以后，刑罚尚未执行完毕以前又犯新罪的，也是数罪，应按数罪并罚的规定处罚。

"择一重罪"就是从犯罪行为所触犯的罪名中，就其中一个最重的罪名定罪和量刑，而不是数罪并罚。想象竞合犯、牵连犯的本质为数罪，想象竞合犯是一种行为触犯了数项罪名，但在处理时择一重罪处罚，从一重处断；牵连犯的手段行为和结果行为、目的行为和原因行为分别触犯了不同罪名，但在处理时作为一罪，择一重罪处罚。

按照传统的刑法学原理，行为属于目的与手段的牵连关系。牵连犯是指行为人实施某一犯罪，而其手段行为或者结果行为又触犯其他罪名的情况。理论上一般认为对牵连犯不实行数罪并罚，而是从一重罪处断。

如何理解《行政处罚法》第二十九条，关键是如何确定"同一违法行为"：

（1）从保护的法益上看，同一违法行为事实上是对同一法益的侵害行为；

（2）违法行为是否具有包容性、牵连性、相关性；

（3）是否能对违法行为起到否定性评价的社会影响。

在行政执法中重点把握：

（1）同一违法行为在实施主体上是同一违法行为主体；

（2）同一违法行为是同一违法事实，而不是同一违法事件；

（3）连续违法行为、继续行为都被认定为同一违法行为；

（4）想象竞合行为、牵连行为都被认定为同一违法行为；

（5）对是否属于同一违法行为，理解有争议，应作出有利于被处罚人的解释。

违反多个法律规范，可能是同一法律规范的不同条款，也可能是不同的法规，还可能涉及一般法，是法律适用问题，这里不再赘述。

12.首违不罚

《行政处罚法》第三十三条规定："违法行为轻微并及时改正，没有造成危害后果的，不予行政处罚。初次违法且危害后果轻微并及时改正的，可以不予行政处罚。当事人有证据足以证明没有主观过错的，不予行政处罚。法律、行政法规另有规定的，从其规定。对当事人的违法行为依法不予行政处罚的，行政机关应当对当事人进行教育。"

"首违不罚"是对"初次违法且危害后果轻微并及时改正的，可以不予行政处罚"的通称，是对原《行政处罚法》第二十七条"违法行为轻微并及时纠正，没有造成危害后果的，不予行政处罚"的补充修订，是人性化管理的执法理念与优化营商环境的实践需求。

一、"首违不罚"是行政处罚制度进步的标志

《行政处罚法》将"首违不罚"放在第三十三条第一款"轻微不罚"后面，与该条第二款的"无错不罚"共同构建了柔性执法制度体系，彰显了新法"突出教育功能、通过教育实现法治目的"的鲜明特征与导向，标志着我国行政处罚制度的进步。对首次违法违规且情节轻微的市场主体实行"首违不罚"是服务创新的体现，可以达到以教育为主、以惩处为辅的目的；同时，还能有效避免违法者产生抵触心理，体现了执法人员对轻微违法者的充分理解和尊重，有助于进一步激发市场活力和社会创造力。

二、"首违不罚"有着严格的适用条件

"首违不罚"并非准确用语，也不能一概而论。根据《行政处罚法》第三十三条，"首违不罚"的适用条件是"初次违法＋危害后果轻微＋及时改正"，三者必须同时具备。第三十三条第一款将"首违不罚"与"轻微不罚"并列于一款并置于其后，表明两者均只能适用于轻微违法行为。"首违不罚"较之"轻微不罚"，适用条件则更加严格：一方面，"首违不罚"必须是"初次违法＋危害后果轻微＋及时改正"；另一方面，"首违不罚"并非"首违一概不罚"，只是"可以

不予行政处罚",执法人员应当核查:改没改、改正是否到位,依据事实确定是否处罚。罚与不罚由行政机关裁量。只要具备"初次违法＋危害后果轻微＋及时改正",就可以不罚。执法实践中不拘泥于具体法条是"可以"还是"应当",在一些行业法条中有"可以处""可处""可以并处""可并处"的表述也不完全相同。需要掌握:"轻微不罚"是绝对不罚,"首违不罚"是相对不罚。

三、"首违不罚"并不等于放任不管

惩治不是执法的最终目的。"首违不罚"是基于深化简政放权、放管结合、优化服务改革,最大限度减少政府对市场资源的直接配置,最大限度减少政府对市场活动的直接干预,加强和规范事中、事后监管,着力提升政务服务能力和水平,切实降低制度性交易成本,更大激发市场活力和社会创造力,增强发展动力,体现的是善待市场主体的监管善意。它赋予了行政相对人自我纠错的机会,可以最大程度降低行政执法对市场主体正常秩序的不利影响,保护其创业创新积极性。但是,"首违不罚"绝不是"一免了之""放任不管"。"不罚"并不等于可以忽略对当事人的教育,第三款明确提出"对当事人的违法行为依法不予行政处罚的,行政机关应当对当事人进行教育"。

四、"首违不罚"的前提是相对人对将来合规的承诺

"首违不罚"遵循宽严相济、风险可控原则下的监管方式创新。符合"首违不罚"适用条件的,经执法人员批评教育并提出整改要求,相对人须自愿承诺及时整改或在约定时间内整改,行政执法部门还将按期对承诺事项进行核查,经核查发现违法行为已整改完毕的,依法不予处罚。对逾期未改或拒不配合的违法行为,则按照法律和法规予以处罚。"不罚"的前提是相对人对将来空间、时间、领域行为合规性的允诺。

"首违不罚"回应了市场主体的现实需求,强力推动了包容审慎监管理念,促进构建亲清统一的新型政商关系,助力营商环境优化。

13.新的执法证据

《行政处罚法》适应新形势发展，对电子设备收集的证据和视听资料证据都进行了新的规定，这是适应科技进步形势下通过电子技术收集和录音录像来固定违法事实的现实要求。

一、新的规范

《行政处罚法》对电子设备收集和视听资料作为处罚证据进行了明确：

第四十一条规定："行政机关依照法律、行政法规规定利用电子技术监控设备收集、固定违法事实的，应当经过法制和技术审核，确保电子技术监控设备符合标准、设置合理、标志明显，设置地点应当向社会公布。电子技术监控设备记录违法事实应当真实、清晰、完整、准确。行政机关应当审核记录内容是否符合要求；未经审核或者经审核不符合要求的，不得作为行政处罚的证据。行政机关应当及时告知当事人违法事实，并采取信息化手段或者其他措施，为当事人查询、陈述和申辩提供便利。不得限制或者变相限制当事人享有的陈述权、申辩权。"

第四十六条规定："证据包括……视听资料；电子数据……证据必须经查证属实，方可作为认定案件事实的根据。以非法手段取得的证据，不得作为认定案件事实的根据。"

对电子技术的证据应用附带如此多的要求，这是由于电子设备收集的证据和视听资料证据有以下特征：

（1）高科技特征；

（2）反映的形象性、生动性、直观性特征；

（3）客观性和准确性特征；

（4）易被伪造、篡改特征。

二、证据能力和证明力

采集过程是对某一特定环境，采用特定设备，通过技术手段对环境现场进行音频、视频的同步记录。录音录像资料的擦写和重复写入性很强，内容极易被篡改，而秘密录制的录音录像资料又可能涉嫌侵犯对方当事人的合法权益，会违背证据的合法性原则，也是"清晰、完整、准确"的法条要求。因此，在搜集、保存录音录像资料时应当特别注意的事项包括：

（1）尽量寻找相对安静、不受干扰的地方进行录音录像，但同时应该在公众场合进行录制。这样一方面能保证取得比较好的录音录像效果，另一方面不会违背证据合法性原则。

（2）在录音录像过程中，应当注意通过谈话交代时间、地点，明确各方谈话者的身份和与谈论事实的关系，在交谈时尽量用全名称呼；同时，着眼于事实的叙述、承认或否认，而不纠缠于法律责任的争论，以增强录音录像证据的关联性和可信度。

（3）完成录音录像后，要注意保存好录音录像材料的原始载体，切勿修改、剪辑和移动存储设备，切勿擅自把所录制的音频文件移动到电脑硬盘、光盘等存储设备上，以防录音录像证据出现疑点而失去证明力。

（4）由于现在的录音录像数据的修改、擦除很容易，从证明力的角度考虑，首要推荐采用有资质的第三方电子证据保全机构的软件、硬件产品进行证据保全或加密，最大限度地阻断他人接触，进而增强证据的真实性和证明力。

三、证据的无效

根据《最高人民法院关于适用〈中华人民共和国民事诉讼法〉的解释》第一百零六条与《最高人民法院关于民事诉讼证据的若干规定》第六十八至七十条的规定，是"非法取得的排除""查证属实"的要求，结合实践经验，无法作为证据的录音录像通常包括如下情形：

（1）擅闯私人场所录制的录音录像资料。

（2）严重侵犯与案件无关的第三方的个人隐私权、商业秘密的录音录像资料。

（3）违法设备录制的录音录像资料。这点在实践中比较常见，使用GPS定位器、安装窃听设备或针孔摄像头等国家所禁止的设备取证形成的证据是无法作为证据使用的，一般都会被排除。

（4）通过恐吓威胁、欺诈、限制人身自由等方式取得的录音录像资料。尤其要注意录音录像时的语气；如果出现明显的恐吓威胁的情况，则可能对证据的证明力产生影响。

（5）无原件、原始载体的录音录像资料。这点在实践中往往也容易被忽视。很多人觉得录音录像占用手机内存，就把录音录像资料复制在U盘里，并把原件删掉，这可能会直接导致录音录像资料证明力降低，甚至被排除。

（6）被编辑、删减的录音录像资料。录音录像资料一旦形成，就不能作任何编辑或删减。这点也是实践中常犯的错误。有些人会删掉录音原件中与案件无关的或不利的内容，这种修改和删减会导致证据有疑点而被排除。

14.有力度也要有温度

《行政处罚法》已修订通过，自2021年7月15日起施行。这次修订《行政处罚法》在体现处罚与教育相结合的原则方面作出许多新的规定，赋予行政执法以力度，解决重大违法行为违法成本低、惩治力度不够的问题，也要求行政执法有温度，坚持无错不罚、小错轻罚。

一、增强了执法力度

（一）处罚种类增加

在第九条中明确增加了"限制开展生产经营活动、责令停产停业、责令关闭、限制从业"的处罚种类。相比单纯罚款，这次增加处罚种类的罚则较重，对生产经营活动的影响大，体现了维护经济秩序的现实需要。

（二）明确违法所得没收

在第二十八条第二款明确规定："当事人有违法所得，除依法应当退赔的外，应当予以没收。违法所得是指实施违法行为所取得的款项。"明确行政执法机关实施处罚时凡是有违法所得的，除应当退赔的外，都要没收，体现"违法不能得利"的原则，实际上加大了违法的成本。

（三）重点领域加大处罚力度

在第三十六条第一款增加涉及公民生命健康安全、金融安全且有危害后果的，行政处罚追责期由两年延长至五年，体现了现阶段对人民群众的关心与法律的反映，即对人民群众生命健康和金融安全的保护。这些规定是对执法力度的新要求，变化很大，需要行政执法部门结合实际抓紧完善有关处罚适用细则，加大对严重违法行为的惩戒力度，坚决制止惩戒侵犯人民群众权益、危害国家安全和经济秩序、损害公共利益的违法行为，行政执法要体现力度。

二、明确了执法"温度"

(一)规定首违不罚、无主观过错不罚

第三十三条第一款规定:"初次违法且危害后果轻微并及时改正的,可以不予行政处罚。"这里有三个必要条件,初次违法、危害后果轻微、违法行为人及时改正。第三十三条第二款规定:"当事人有证据足以证明没有主观过错的,不予行政处罚。法律、行政法规另有规定的,从其规定。"第三款还明确了"对当事人的违法行为依法不予行政处罚的,行政机关应当对当事人进行教育"的义务要求。行政执法不是"为罚而罚",而是要达到预防违法的效果。行政处罚具有惩戒违法行为的性质,同时有预防和降低违法行为的功能。对危害严重的违法行为施以严厉查处、坚决打击,体现惩戒和警示。推行"柔性执法",对轻微违法者进行说服教育劝诫,也能起到防止和减少严重违法行为、降低社会危害性的作用,是"处罚与教育相结合"原则的具体体现。

(二)从轻或者减轻处罚的规则进一步明确

在第三十一条增加了"尚未完全丧失辨认或者控制自己行为能力的精神病人、智力残疾人有违法行为的,可以从轻或者减轻行政处罚"的规定,在第三十二条增加了当事人被"诱骗实施违法行为、主动供述行政机关尚未掌握的违法行为"的从轻或者减轻处罚内容,并删除了其他应当从轻或者减轻处罚必须由法律、法规、规章规定的限制。这些规定为行政执法机关在执法实践中综合考虑违法行为的社会危害性等因素直接作出从轻或者减轻处罚提供了法律依据,为执法人员友善、公正执法提供了法律保障。

(三)从旧兼从轻处罚的适用规则

在第三十七条增加:"实施行政处罚,适用违法行为发生时法律、法规、规章的规定。但是,作出行政处罚决定时,法律、法规、规章已被修改或者废止,且新的规定处罚较轻或者不认为是违法的,适用新的规定。"这主要是基于近年来为适应经济转型,法律、法规修订比较频繁,管理对象、管理行为、违法行为的设定以及社会危害性的考量等都在变化。规定从旧兼从轻处罚的适用规则,有利于行政机关实施有效管理,也有利于现行法律和法规的有效实施。此外,修订后的《行政处罚法》在第四十二条专门增加了第二款强调"执法人员应当文明执法,尊重和保护当事人合法权益"是社会主义核心价值观"友善"的体现。"友善"这一社会主义核心价值观引入《行政处罚法》的意义与作用,无论是对法律

人、自然人还是整个社会，都具有不可低估的力量。在实施行政检查、调查取证、采取行政强制措施，以及执行处罚决定、依法实施行政强制执行活动中，切实尊重和保障当事人的合法权益，坚决禁止暴力执法、野蛮执法。

执法人员是人民群众对行政管理的直接感受，所以行政执法人员的一言一行在促进中国特色社会主义制度建设、培育中华民族文明价值理念和良性交往习俗等方面发挥巨大作用。对于不文明的执法行为，当事人可以依据《行政处罚法》第七十五条的规定，向上级机关或司法行政部门申诉或者检举，有关机关要及时制止和纠正，依法追究责任。

15.从"春秋决狱"的视角看《行政处罚法》的修订

2021年11月，最高人民法院发布了近30批指导性案例，涉及民法、行政法的许多内容，供各级人民法院审判类似案件时参照。判例方式有许多特点，在现实中有其时效性和灵活性，尤其在经济转型期，创新步伐加快，新产业、新业态迅速进步，但传统法律的修改和结构都没有跟上时代要求。尤其平台经济的发展，如总部和加盟商的矛盾，既不是"民"和"官"之间，又不是平等主体，此时案例指导形式就显得更加适用。我国有文字记载最早实行判例是汉代的《春秋决狱》。

一、春秋决狱概述

春秋决狱是指遇到伦理道德问题而法律无明文规定，或虽有明文却有碍纲常情理的疑难事件，引用儒家经典中所记载的古老判例故事，或从判例故事中引申出某项原则来，用以对该疑难事件作出裁决。春秋决狱是儒学在法律领域的应用。春秋决狱是汉武帝时出现的重大司法创新，它不仅对古代刑事法律具有维护社会秩序的价值取向，而且对古代刑事司法的样式——成文法与"判例"制度相结合，也具有重大的开创性和可持续性的影响。

春秋决狱产生的原因是：

首先，当时刑事司法制度本身就存在缺欠之处，司法中又往往失之于严酷，加之执法人员的业务素质有限，在司法中常常机械地照章办案，不注意区别对待，甚至实行简单化的"客观归罪"，这种情况需要及时修正。

其次，儒家经典特别是其中的《春秋》，蕴含了丰富的治国经验和教训，记录了众多的先例、故事、格言、遗训，涵盖了三纲五常不可违犯的行为准则。

最后，当一代精研或熟悉儒家经典特别是《春秋》的学者们有机会参与国家政治、法律事务时，自然将儒家经义与现实司法结合起来。春秋决狱就是为适应当时的社会需要，且在主客观条件基本具备的条件下登上历史舞台的。

春秋决狱是古代刑法学理论的一大进步。荀子就发现了司法中存在的不足，即机械地照搬法律条文。官员机械执法，正是采用了不管行为人主观状态的客观归罪原则。荀子批评道："终日言成文典，反纠察之，则倜然无所归宿。"（《荀子·非十二子》）荀子认为法官不仅要掌握法律条文——"法数"，更要深谙法律条文背后的宗旨——"法义"。荀子提倡"议"，即学习、研究、讨论："故法而不议，则法之所不至者必废……其有法者以法行，无法者以类举，听之尽也。"只有做到"有兼听之明"，才能够"辨异而不过，推类而不悖；听则合文，辨则尽故"。

汉代的"客观归罪"，有二例①：

【案例一】甲父乙与丙争言相斗，丙以佩刀刺乙，甲即以杖击丙，误伤乙。甲当何论？或曰："殴父也，当枭首。"论曰："臣愚以父子，至亲也，闻其斗，莫不有怵怅之心。扶杖而救之，非所以欲诟父也。《春秋》之义，许止父病，进药于其父而卒。君子原心，赦而不诛。甲非律所谓殴父也，不当坐。"

【白话文释义】父亲和别人因口角发生斗殴，对方用刀刺父亲，儿子拿棍子相救，结果误伤了父亲。有的官吏认为儿子犯了殴打父亲的重罪，要按律处死。但董仲舒根据孔子的观点，认为儿子的动机不是打父亲，所以应免罪。

【案例二】甲夫乙将船，会海风盛，船没，溺流死亡，不得葬。四月，甲母丙即嫁甲，欲当何论？或曰："甲夫死未葬，法无许嫁，以私为人妻，当弃市。"（仲舒）议曰："臣愚以为，《春秋》之义，言夫人归于齐，言夫死无男有更嫁之道也。妇人无专制擅恣之行，听从为顺嫁之者，归也。甲又尊者所嫁，无淫衍之心，非私为人妻也。明于决事，皆无罪名，不当坐。"

【白话文释义】有个女子的丈夫坐船时不幸淹死在海中，无法找到尸体安葬。四个月后，父母将这个女子改嫁。按照法律，丈夫没有埋葬前，女子不能改嫁；否则，处死。董仲舒认为：按照女子所在齐国法律，女子丈夫身亡而无儿子，再嫁是符合道义的。甲的行为不属于擅自妄为，她是听从母亲的安排再次婚嫁，妇人嫁人是听从母亲安排，符合齐国规制。女子又由尊长做主再婚，其改嫁不是淫荡行为，也不是为了私利，所以应免罪。

以上两例均为不管行为人主观状态的客观归罪。但董仲舒发展的原心定罪本质是在考察犯罪所造成的客观后果的同时，注意分析犯罪行为人实施犯罪时的主观心理状态——是故意还是过失，然后作出裁判。这无疑是古代法制理论的一大

———————
① 《太平御览》卷六百四十。

进步。

注意行为人的主观心理状态，又善于从历史典故先例中寻找法律原则的意见，则反映了儒家综合全面的思维方式。春秋决狱为古代刑法典的完善提供条件。春秋决狱的实行程度与法典的完善程度成反比——法典越不完善，则春秋决狱越盛行；法典越趋于完善，则春秋决狱越趋于萎缩。在法典不断完善的过程中，春秋决狱与众多决事比，不仅为司法裁判提供了参考和借鉴，而且为法典的修订和完善提供了力度和温度。

春秋决狱形成先例故事之后，该先例故事在司法中被援引后即成为《春秋决事比》。在审判案件时，先从以往的故事中选择一个最相类似的先例，从中概括出一个法律原则，作为裁判的依据，然后作出判决。从审理"甲误伤父乙"案的过程来看，首先从《春秋》中找出"许止弑父"案的先例，该先例的判决是"赦而不诛"，判决理由是"许止无弑父之心"，从该先例当中引申出"原心"以论罪的法律原则。其次，以"原心"论罪的法律原则适用于此案，以为甲无殴父之心，故不构成殴父罪，最后得出"不当坐"的判决。这种审判方式就是中国古代的"判例法"。梅因说："英国法律中任何一条规则，必须首先从印成的许多判决先例所记录的事实中清理出来，然后再由特定法官根据其不同的风格、精确度以及知识而表现于不同的文字形式中，最后再把它运用于审判的案件。"①读了春秋决狱的文字就可以发现，中国古代的判例法和英国的判例法在操作程序上有相通之处，这证明人类法律实践活动具有共通性。

中国古代法的表现形式多元化，基本上由稳定的成文法典、法令与非稳定的比和例等共同组成。由于朝廷对全国司法活动进行统一且严厉的控制，其中的比、例常常被迅速提升为成文法条，纳入成文法的序列，从而失去原始判例的形式。

客观上，春秋决狱有利于提高法官的逻辑思维水平，实现法官群体的职业化。春秋决狱仍是依律而行，不曾破坏当时的法律；没有明显地排斥法律，大都只是引经以济法条的不足。"法吏求之于律令而不持其平者，儒生求之经术，尤其是《春秋》，而得其情与理。"②

二、春秋决狱制度的利与弊

春秋决狱和法律注释不能完全解决所有司法中的问题；相反，春秋决狱还很可能产生同案不同判，更不必说它可能充当徇私枉法和政治斗争排除异己的

① 梅因. 古代法 [M]. 沈景一，译. 北京：商务印书馆，1984：8.
② 董仲舒《春秋》决狱。

借口。

正如陈顾远先生所言:"中国法系之体躯,法家所创造也,中国法系之生命,儒家所赋与也。"汉代的春秋决狱无疑向我们展示了古代法的智慧和力量。中国法系之生命不仅包括宗法伦理精神,还包括崇尚人之主观能动性的"判例法"。

但春秋决狱发展到后来,产生了判例过多、标准不一等问题。为了消弭汉代春秋决狱所带来的种种弊端,长孙无忌等人编纂的《唐律疏议》及之后的历代律典,在一定程度上都是在继承汉代所确立的德刑关系之儒家思想指导基础上,不断以立法的方式削除苛杂的判例。不过,正是由于春秋决狱进一步发展为引经注律和引经入律,才促成了中国古代律学的产生和昌盛,造就了中华法律文明的灿烂与辉煌。

三、春秋决狱原则在修订后的《行政处罚法》中的体现

修订后的《行政处罚法》第二条规定:"行政处罚是指行政机关依法对违反行政管理秩序的公民、法人或者其他组织,以减损权益或者增加义务的方式予以惩戒的行为。"这体现了春秋决狱中维护社会秩序一致性的原则。

第六条规定:"实施行政处罚,纠正违法行为,应当坚持处罚与教育相结合,教育公民、法人或者其他组织自觉守法。"这有力度也有温度,契合儒家综合全面的思维方式。

第三十三条规定:"违法行为轻微并及时改正,没有造成危害后果的,不予行政处罚。初次违法且危害后果轻微并及时改正的,可以不予行政处罚。

当事人有证据足以证明没有主观过错的,不予行政处罚。法律、行政法规另有规定的,从其规定。

对当事人的违法行为依法不予行政处罚的,行政机关应当对当事人进行教育。"

"违法行为轻微并及时改正,没有造成危害后果的,不予行政处罚"同"赏疑从与""罚疑从去"一脉相承;"证据足以证明没有主观过错的,不予行政处罚",体现避免行为人主观状态的客观归罪,注重主观心态衡量。

16.行政处罚的证据规则

根据《行政处罚法》第四十六条规定，证据包括：（1）书证；（2）物证；（3）视听资料；（4）电子数据；（5）证人证言；（6）当事人的陈述；（7）鉴定意见；（8）勘验笔录、现场笔录。证据必须查证属实，方可作为认定案件事实的依据。以非法手段取得的证据，不得作为认定案件事实的依据。

一、证明过程

行政处罚案件的证明过程包括取证、举证、质证、认证过程。其中，取证就是在具体的执法办案过程中进行证据固定。举证为质证和认证阶段做好充分的前期准备。质证主要保障被处罚人的陈述、申辩权利。认证阶段是决定者最终形成"内心确信"的可采证过程。证据的有效性参照本书中《用证据说话——依法行政的法理》的表述。

二、处罚举证责任

所谓事实更多会表现在真伪不明的状态中，行政执法人需要对要不要作出及作出何种行政处罚得出结论，举证责任的分配就是为了在事实真伪不明的状态下认定责任；若负有举证责任的一方举证不能，将承担由此带来的风险，其根本目的在于迫使当事人证明事实，而不是阻碍。证明责任的分配应依据法律规定；无法律规定时，可参照刑事、民事、《行政诉讼法》的举证责任规则和精神，并依赖经验法则进行合理分配。科学的举证责任配置要充分考虑证据应当或事实上为哪一方所掌控、由哪一方承担举证责任所造成的困难最小。在行政处罚案件中，要秉持有利于当事人的原则，承担证明责任的主体一般是行政部门，兼顾到行政资源的优化，一些当事人更易于获得证据，证明责任应该归于行政相对人。

三、证据证明标准

我国目前还没有明确的行政处罚证明标准，参照民事诉讼和行政诉讼高度盖然性、刑事诉讼排除合理怀疑的证明标准，根据行政处罚种类不同及对行政相对人权利、义务的影响差异，采取有差别的证明标准比较经济适用。行政处罚案件分为：

（1）简易程序的行政处罚案件。案件案情不复杂，主要起到警示作用，对行政相对人的权利和义务影响较小；同时，为提高行政效能，可采用盖然性绝对优势标准。简单来说，就是证明事实存在的证据比证明它不存在的证据占大比例优势。

（2）一般程序且达不到听证标准的行政处罚案件。此类案件的案情复杂程度，对相对人的影响适中，可采用实然性标准。

（3）一般程序且达到听证标准的行政处罚案件。此类案件无论从案情、证据量还是对相对人的影响力方面来说都较大，可采取接近刑事案件排除合理怀疑的证明标准，不能完全要求达到排除合理怀疑的程度，不得处罚。

无论采取何种证明标准，首先执法者达到"内心确信"，即综合全案证据，形成证据链，加以逻辑与生活经验的推断，证据的证明力在决定者内心达成优势。此处比较常用推定。所谓推定是指根据事实之间的常态逻辑，若当事人有证据证明推定不正确时，可以推翻推定，让证据给出"是"与"否"的常人判定。

在行政处罚中，证据的收集人对案件有初步判断和建议，即使在法律监督层面强调"职能分离"原则，行政处罚的最终决定不是由办案人员而是机关负责人决定，但行政处罚案件要想达到执法人的中立，只能视为追求的标杆。据以定案的所有证据都应当入卷，不在卷宗之内的证据材料不得作为后续复议、诉讼程序中证明行政处罚合法、合理性的证据，是对行政优益权的规避。

2021年修订的《行政处罚法》为构建法治社会提供力量。维护社会秩序，信仰公平正义，证据是核心。没证据不能罚，证据不充分要调查，执法人认为充分的要质证。疑罪从有到疑罪从赎，再到疑罪从无，是社会发展的结果，是社会进步的体现。

17. 过失相抵与自甘风险

过失相抵是指当受害人对于损害的发生或损害结果的扩大具有过错时，减轻或者免除赔偿义务的损害赔偿责任的制度。核心是允许对损害赔偿加以权衡调整。

自甘风险是指某人明知且自愿地进入使自己权益遭受风险的境地。

在一些案件中，原告自甘冒险只是意味着其对损害的发生存在过错，故处理方式可适用过错相抵的规则，相应地减少赔偿义务人的赔偿责任。如明知道驾驶人酒后驾驶，却不制止，反而搭乘，产生不良后果。

而在另外大量案件中，原告的自甘冒险意味着被告因原告的损害没有过错，只要不是故意和重大过失，就不承担赔偿责任，受害人应该自担风险，如足球比赛冲撞产生伤害。

一、过失相抵的构成要件

1. 受害人存在过失

受害人的过失是指受害人没有采取合理的注意或者可以获得的预防措施来保护其身体、财产以及其他权益免受伤害，以致遭受了他人的损害或者在遭受他人损害后进一步导致了损害的扩大。例如，快递邮寄水果时发现时限难以到达，通知寄件人取回，寄件人没有及时取回，加重腐烂程度。但受害人的个人体质不包括在其中，如被害人血压高，被撞后产生脑出血，这不能减轻加害人的赔偿责任。

2. 受害人的过错行为必须是损害发生或者扩大的原因

受害人的过失行为必须与同一损害的发生或者扩大之间存在因果关系。例如，进入建筑工地应该佩戴安全帽，某人由于没戴安全帽，被楼上施工的工具打中头部。

3. 受害人的行为必须是不当的行为

只要是不当行为即可，不需要具备违法性。例如，受伤后不及时医治，吃头孢后又喝酒。

二、适用的限制

（1）侵权人具有故意或重大过失，受害人仅有一般过失时，不适用过失相抵；

（2）侵权人行为适用无过错责任时，受害人有重大过失方能进行过失相抵，如上下班期间当事人有重大过失。

18.警告与通报批评

《行政处罚法》第九条把"通报批评"设定为行政处罚的种类，是基于第二条对行政处罚的定义。在进行行政处罚时，如何区分和适用"警告"和"通报批评"是许多执法者的困惑，适用不准则扭曲了执法者的本意。

一、定义的区分

1.通报批评的含义

通报批评实际上是由"通报"与"批评"两个概念复合而成的。"通报"是指上级机关将有关情况以书面形式告知下级机关或本机关内部员工。而"批评"是指对缺点和错误提出的意见，目的是希望对方吸取教训，引以为戒。由此来看，广义的通报批评是指某一主体将行为人的有关缺点和错误在一定范围内予以公布，希望行为人或其他人吸取教训、引以为戒的一种措施。行政机关所实施的通报批评是在一定范围内对违法行为人的违法事实予以公布，以导致其声誉和信誉造成损害，既制裁和教育违法者，又广泛教育他人的一种措施，这时通报批评属于行政处罚范畴。

2.警告的含义

警告是一种警戒性的纪律制裁方式，也是最轻微的一种制裁方式，对违规行为及时纠正和警示。

二、适用的区分

（1）警告处罚适用范围广泛，既可适用于自然人，也可适用于法人或其他组织；通报批评作为一种行政处罚形式，则只适用于违法的法人或者其他组织，而不适用于自然人。

（2）处罚内容不同，即损害的权益不同。警告主要是对被处罚人在精神上造成一定损害，而通报批评是对被处罚人的荣誉或者信誉造成损失。

（3）形式不同。二者虽然都必须以书面形式表示，但通报批评是通过报刊或政府文件在一定范围内公开公布的，造成的影响大；警告则只是以警告处罚书的形式下达给本人或只在很小的范围内使人知晓。

（4）处罚程度不同。通报批评由于其造成影响的范围广，因而其处罚程度比警告处罚重。

无论是警告还是通报批评，都属于行政轻微性处罚，增加当事人的精神压力，促进改正，行政机关应当对当事人进行教育。

注意："应当"在这里是个弱义务，相当于"没有特殊情况下，要……"。

19.《行政处罚法》与具体领域法规的适用

我国没有一部行政法法典。《行政许可法》《行政复议法》《行政处罚法》《中华人民共和国行政监察法》《中华人民共和国公务员法》《中华人民共和国赔偿法》等构成一般性行政法律。而行政特别法分散在各具体领域，有近百部。2021年修订的《行政处罚法》在原法基础上进行了大范围修订，由于各领域的法律没有相应跟进，《行政处罚法》和原有领域的法律适用冲突在所难免。

一、如何适用，是不是简单继续采用各领域的行政处罚规则？

首先要从《行政处罚法》的立法本意的方面加以研究。《行政处罚法》的立法初衷之一，在于为纷繁复杂的具体处罚规范"建章立制"。但与此同时，基于立法机关的有限理性，同时为了照顾不同行政领域的差异，《行政处罚法》又赋予具体领域的处罚规范一定的"自治空间"。全国人大在2020年6月28日作了《关于〈中华人民共和国行政处罚法（修订草案）〉的说明》，在介绍本次修法的基本思路时指出："把握通用性，从行政处罚法是行政处罚领域的通用规范出发……为单行法律、法规设定行政处罚和行政机关实施行政处罚提供基本遵循。""通用规范""基本遵循"之表述，即在重申该法作为行政处罚基本法的定位。所以，一味强调特别法，就有可能脱离《行政处罚法》规范和遵循的统一性。

二、具体领域的行政处罚规范，应当在多大范围和程度上接受《行政处罚法》的调控？

某超市销售一袋过期瓜子，被当地食品药品监督管理局①依据《中华人民共和国食品安全法》罚款5万元，引起社会关注，终审判决法院依据《行政处罚法》进行了改判。判决书这样论述："设定和实施行政处罚必须以事实为依据，与违法行为的事实、性质、情节以及社会危害程度相当"，"纠正违法行为，应当

---

① 2018年后被撤销。

坚持处罚与教育相结合，教育公民、法人或者社会组织自觉守法"。"如果处罚过度，则非但起不到教育的作用，反而会使被处罚者产生抵触心理，甚至采取各种手段拖延或抗拒执行处罚，无形中增加了行政机关的执法成本，也不利于树立行政机关的公信力。""从轻处罚"是指在法定限度内选择较低限度予以处罚，"减轻处罚"是指在法定幅度最低限以下予以处罚。

三、具体行政执法中，如何把握《行政处罚法》与具体领域法规的关系？

这需要重点把握好三种关系：

1.基本法与单行法的关系

当具体领域处罚规范与《行政处罚法》不一致时，如程序规定等，应当优先适用作为基本法的《行政处罚法》的规定。唯有如此，才能实现对具体领域处罚规范施加控制约束、防止其"野蛮生长"之目的。

2.总则与分则的关系

在办理具体处罚案件时，应同时考虑《行政处罚法》总则规范的作用。与上一种关系范畴不同的是，在总则与分则的关系中，法律适用的要求是总则规范与分则规范结合适用，而非二者选其一。《行政处罚法》所规定的行政处罚的定义、行政处罚的基本原则（如处罚与教育相结合原则、过罚相当原则）等，也具有类似的总则性质条款的地位。

3.一般法与特别法的关系

应以《行政处罚法》明确授权容许具体领域处罚规范作出特别规定为限。从规定来看，已有10款条文作出了此类明确授权，包括第二十二、二十三条关于处罚案件管辖，第六十条关于处罚案件办理期限，第七十三条关于处罚不停止执行等，适用于特殊法优先。对于未作明确授权之范围，具体领域处罚规范能否被视作特别法，应当结合目的解释、体系解释、历史解释等方法进行谨慎判断；必要时，可提请有权机关作出解释。

所有的行政性法律、法规，都是为了维护公共利益和社会秩序，保护公民、法人或者其他组织的合法权益。这既是政府行政的出发点，也是立足点。

20.《行政处罚法》修订后行政处罚权的实施主体

一、职权法定没有变

《行政处罚法》第十七条规定："行政处罚由具有行政处罚权的行政机关在法定职权范围内实施。"这与修订前的《行政处罚法》第十五条完全相同。行政处罚体现的是国家意志，原则上应该由行政机关实施，这是职权法定的基本要求。

这里应重点把握的是：

第一，不是所有的行政机关都有行政处罚权。哪些行政机关有行政处罚权，由法律和行政法规规定。

第二，行政机关只能对自己主管业务范围内的违反行政管理秩序的行为给予行政处罚。

第三，每个行政机关有权给予什么种类的行政处罚，依据法律、法规规定。

二、实施主体有变化

（一）修订后的实施主体

第一，首次提出"综合行政执法"。第十八条在原第十六条的基础上增加一款，并作为第十八条的第一款："国家在城市管理、市场监管、生态环境、文化市场、交通运输、应急管理、农业等领域推行建立综合行政执法制度，相对集中行政处罚权。"但列举以上领域，并不意味着综合行政执法只限于上述领域，是根据党和国家机构改革和行政执法体制改革的要求，以全新的行政执法体系和工作队伍在适合综合执法的领域统一执法的一种具体行政行为。

第二，进一步规范委托行政处罚。第二十条增加了第二款："委托书应当载明委托的具体事项、权限、期限等内容。委托行政机关和受委托组织应当将委托书向社会公布。"

（二）应重点把握的内容

第一，综合执法对于解决行政管理中长期存在的多头执法、职权交叉重复和行政执法机构膨胀等问题，提高行政执法水平和效率，降低执法成本，建立"精减""统一""效能"的管理体制，有重要意义。

第二，国务院或者省（自治区、直辖市）人民政府拥有调整权。

第三，行政处罚权相对集中后，有关部门不得再行使已统一由一个行政机关行使的行政处罚权。

第四，委托处罚必须是书面委托，载明委托的具体事项、权限、期限等内容，并将委托书对外公布。

第五，为了防止行政权力被滥用，即使经过委托人和被委托人合意，受委托组织仍然不能将行政执法事项再委托，再委托也被解释为无效。

2021年修订后的《行政处罚法》体现了"精减""统一""效能"的思想。无论什么产品，只要没有浪费，用最小的投入实现最大的产出，都是实现了有效率地配置资源。

总之，在社会生活中，提高效率意味着减少浪费。如果可以在不使其他人的境况变坏的同时使自己或周围境况变得更好，这种状态就达到了资源配置的最优化，经济学称之为"帕累托最优"。帕累托最优也是我们每一次改进的目标。

21. 浅析《行政处罚法》中的从轻或减轻行政处罚

"从轻处罚"是指在法定限度内选择较低限度予以行政处罚,"减轻处罚"是指在法定幅度最低限以下予以行政处罚。从轻或减轻处罚制度的设定核心是有效消解处罚法定与行政处罚裁量之间的紧张关系,为规范行政机关的行政处罚裁量权设定一个要素性框架,是严格执法对维护社会秩序和实现社会良性管理的有效补充。

《行政处罚法》的有关条款如下:

第五条 行政处罚遵循公正、公开的原则。

设定和实施行政处罚必须以事实为依据,与违法行为的事实、性质、情节以及社会危害程度相当。

第三十二条 当事人有下列情形之一,应当从轻或者减轻行政处罚:

(一)主动消除或者减轻违法行为危害后果的;

(二)受他人胁迫或者诱骗实施违法行为的;

(三)主动供述行政机关尚未掌握的违法行为的;

(四)配合行政机关查处违法行为有立功表现的;

(五)法律、法规、规章规定其他应当从轻或者减轻行政处罚的。

《行政处罚法》第三十二条在具体案件中能不能直接适用、如何具体适用,是当前基层行政执法机关亟待解决的问题。冲突点在于:

一是"无法律则无行政",依法行政本质就是要严守法定的实质标准和程序要求,严格按照法律的规定和标准行使行政权力、执行法律规范。

二是"法律的生命在于实践",虽然规定了4种应当依法从轻或者减轻行政处罚的具体情形,但第一和四条认定以及从轻或减轻的程度都难以把握,实际操作起来有难度。

三是"法律之解释都要被法律所统治"。减轻处罚是例外,存在难以把控的任意性，若作为常规处理手段，容易导致滥权不法，腐败滋生。

四是过多采用例外的减轻处罚，也直接导致法定起罚点规定的架空，执法的刚性受到损害。

行政机关在适用《行政处罚法》第三十二条减轻处罚时，应该参考第五条："设定和实施行政处罚必须以事实为依据，与违法行为的事实、性质、情节以及社会危害程度相当。"这就是通常所说的比例原则。比例原则是合理性的重要组成部分。行政合理性原则要求一切行政活动除符合法律条文外，还必须符合法律的精神。行政主体及其行政人在行使自由裁量权时必须保持相当的合理性。严重违反合理性的裁量行政行为构成滥用职权，导致行政行为人承担违法责任，还容易造成法律效果和社会效果（即行政法维护社会秩序应然性要求）的分离。

由于法律条文不可能照顾具体个案的特别情况，因此行政机关裁量时，执法者应该考虑该案的特别构成要件，以实现个案正义。但是个案的适用不等于普遍可用，除非必须有符合法律规定的要件，否则不得随意作出从轻或减轻处罚。采用《行政处罚法》第三十二条与具体处罚所适用的法条加以引用，必须具有充分的事实依据和理由。办理时适用从轻或减轻处罚的案件应注意如下方面：

一是案卷材料中应有从轻或减轻处罚的证据材料；

二是在行政处罚决定书中要写明从轻或减轻处罚的理由与依据，切实做到处罚法定、过罚相当；

三是执行执法决定法制审核制度，以体现适用法律的严肃性和权力运行的规范性，既调动自由裁量权高效灵活的积极因素，又要抑制它容易被滥用的消极因素。

22.简析行政复议被申请人的义务

"无救济则无权利。"为了防止和纠正违法的或者不当的具体行政行为,保护公民、法人和其他组织的合法权益,保障和监督行政机关依法行使职权,行政复议是化解行政争议的制度保障。

行政复议是指公民、法人或者其他组织认为行政主体作出的具体行政行为侵犯其合法权益,按照法定权限和程序,向行政机关提出行政复议申请,行政机关受理行政复议申请,作出行政复议决定的活动。行政复议不仅是行政机关的内部监督机制,也是公民权利的救济途径,既然有的行政行为可能侵犯公民的合法权益,应当给公民一个权利救济的途径。

《行政复议法》共分七章四十三条,内容通俗易懂。被申请人(作出行政行为的行政机关)在复议中应当如何做好答复工作?

一、程序规范

(1)被申请人应当自收到复议机关送达的行政复议申请书材料之日起10个工作日内,向行政复议机构递交书面答复。

(2)向行政复议机关提交当初行政行为的依据、证据和相关材料。

(3)被申请人对行政行为的合法性、合理性负有举证责任。

(4)被申请人如果未在法定期限内提出书面答复、提交证据和依据的,视为无证据、依据。

二、内容规范

(1)书面答复材料包括职权依据、事实依据、法律依据、内容适当性、行政程序履行情况等证据材料。

(2)应当提供经办人的姓名、联系方式及法定代表人证明、委托授权书等。

(3)就申请人提出的事实、理由和请求有针对性地逐条作出答复。

三、证据规范

（1）被申请人应当保证证据材料与被复议的行政行为具有关联性，并对证据的真实性、合法性负责。

（2）被申请人应当将证据分类，制作目录。注明经办人、提交单位，录音或录像资料中的谈话内容附文字记录。

（3）提交的证据涉及国家或商业秘密及个人隐私的，应当作出显著标注，并向复议机构说明。

（4）被申请人应当在法定期限内将作出行政行为的证据一次性提交给复议机构。

只有严格执行《行政复议法》《中华人民共和国行政复议法实施条例》，依法依规办理行政复议案件，建立健全相关配套制度，强化机构和队伍建设，才能真正实现行政复议在化解行政争议中的主渠道作用。

23."行政法原则"学习至关重要

《行政处罚法》、《中华人民共和国行政强制法》(以下简称《行政强制法》)、《行政许可法》被统称为"行政三法",构成了我国现行众多行政法的基础。《关于进一步贯彻实施〈中华人民共和国行政处罚法〉的通知》(国发〔2021〕26号)对充分认识贯彻实施《行政处罚法》的重要意义与加强学习、培训和宣传工作,作了明确部署,予以特殊强调:各地区、各部门要将《行政处罚法》纳入行政执法培训内容,作为行政执法人员的必修课,使行政执法人员全面理解和准确掌握行政处罚的规定,依法全面正确履行行政处罚职能。加强学习、培训和宣传教育,于2022年6月前完成对现有行政执法人员的教育培训,并持续做好新上岗行政执法人员的培训工作。

如何全面理解和正确掌握?是不是学习行政处罚如何定义、首次违法是否处罚、处罚权如何下沉、行政处罚程序如何完善等就够了?笔者通过对具体敏感案件分析和基层执法人员交流,认为加强行政处罚的基本原则的学习至关重要。立法目的是:行政机关要坚持执法为民,通过行政处罚预防、纠正和惩戒违反行政管理秩序的行为,维护公共利益和社会秩序,保护公民、法人或者其他组织的合法权益。核心就是对《行政处罚法》基本原则没有很好地学习和掌握。法律设置的目的不是处罚,而是让普通人从事的日常行为有安全感。这些认识问题如果不解决,处罚权如何下沉?下沉了,又如何能确保行政处罚制度运行具有良好的认知环境?积极稳妥赋权乡镇街道实施行政处罚的目的是提升社会治理能力和治理体系,处理不当就可能走向美好愿望的反面。

制定行政法法典的环境逐渐成熟,很多学者呼吁早日制定行政法总则,制定"行政法总则"的主要目的是统一规范行政活动、调整行政关系。但问题的关键是,行政法的最大特征是其调整范围广、性质复杂且稳定性差,这也正是行政法难以制定统一法典的主要障碍。什么是行政法基本原则?罗豪才教授在《行政法学》一书中将行政法的基本原则概括为行政法治原则,并将其具体分解为行政合法性原则和行政合理性原则;姜明安教授在《行政公法学导论》中则概括为实体性原则（包括依法行政、尊重和保障人权、越权无效、信赖保护和比例原则）和程序性原则（包括正当程序、行政公开、行政公正和行政公平原则）；莫于川教授在讲座中认为行政法的根本价值主要体现在三个方面：

一是行政应当严格符合法律的规定，即符合法的形式正义；

二是行政必须体现法的实质正义；

三是行政必须体现法的程序正义。

国务院《全面推进依法行政实施纲要》（国发〔2004〕10号）明确规定了依法行政的基本要求，即合法性原则、合理性原则、程序正当原则、高效便民原则、诚实守信原则和权责统一原则。笔者认为在行政法总则出台前，坚持这六项行政法基本原则至关重要，要让执法人员深刻学习合法性原则、合理性原则和程序正当原则，入脑入心。基层学习培训的重中之重是对立法精神和行政法原则的学习，不但能提高执法人员的素质，也能体现社会主义核心价值观，更能提升全社会参与治理体系的热情和治理能力。

24.严格执法刍议

　　"正"和"偏"是反义词，然而"纠正"和"纠偏"是同义词，这是由于视角不同。"严格执法"从不同的视角解读有着不同的含义，从政治学、法理学角度进行解读，可谓见仁见智；从刑法、民法和行政法角度来解读也各不相同。百度搜索"严格执法"词条，出现几十万条，80%以上与具体行业管理误读的"严厉执法"相关联。我从《行政处罚法》的角度谈谈对"严格执法"的肤浅认识。

一、坚持有法必依

　　《行政处罚法》第五条规定："设定和实施行政处罚必须以事实为依据，与违法行为的事实、性质、情节以及社会危害程度相当。"对违法行为给予行政处罚的规定必须公布；未经公布的，不得作为行政处罚的依据。中国特色社会主义法律体系基本形成，能够实现有法可依、有规可循。要不断强化制度执行意识，严格执行法律和法规赋予的职责，把法律从书本中转化为具体实践。执法实践中，要注意不能因业务不精而用错法律，更不能因私心而曲解法律。如曾网络热议的，某男子被流浪猫抓伤，法院判喂猫人赔偿。之所以引起热议，无论是从行政法还是从民法侵权责任的角度来看都属于适用法律不当，法理不容。首先，给流浪猫喂食是一种善举，善意不能被追究；其次，流浪猫园区集聚的管理职能在物业，不能是喂食人的责任。法无明文不为罪，法无明文不处罚，一旦善意被处罚，就会走向良法善治的反面。

二、坚持过罚相当

　　严格执法的精髓在于让违法者的违法行为承受与其性质、情节和危害后果相匹配的法律责任，争取达到"不枉不纵"。在客观生活中，一些部门的执法往往失之以宽，和稀泥、打折扣，致使一些违法行为得不到处理，小事拖大，大事拖炸。要坚决严格执法，对苗头性违法行为及早处理，遏制蔓延，形成震慑。如对快递末端网点违规二次收费问题，国家邮政局及时发现问题，采取专项行动，从源头上进行遏制。末端收费最初1元，如果不治理，明天就可能2元、5元，最后就可能变成快件价格按比例收费，影响行业乃至社会稳定。既要防止罚不及过，又要避免罚超其过，有规则按规则，没规则按原则。对涉及法律冲突的，除按照位阶外，还要考虑比例原则，对新业态采取包容审慎原则；既不能不作为，也不能乱作为。

三、坚持程序公正

程序是法律制度的生命力。实体与程序并重，以程序公正保障实体公正。执法越公开，就越有权威和公信力。严格按照法律规定的程序，如期限、步骤、方式等。要切实保障被执法人的知情权、救济权。保障其依法行使陈述、申辩、复议、诉讼的权利；让人民群众在每一起案件办理和事情处理中感受到公平和正义，让群众信法、守法。因此，程序正义能彰显法治权威和尊严，执法人首先要遵纪守法，坚持不唯上，不欺下，只唯"法"。

"依法治国、严格执法"，把它当作行政执法追求的目标，我们不但要重视法治建设工作宣传，还要守护百姓的希望。群众监督法治建设工作，每一个执法案例要有良法善治的影子，这个影子是对待他人和事的行为，是悲天悯人的情怀，是对当事人的同理心，是对依法治国的尊重。

25.为什么申辩不能加罚?

本文所指被处罚人的申辩活动,是指被处罚人进行陈述、申辩、听证、复议的总称。《刑事诉讼法》第二百三十七条规定了上诉不加刑原则:"第二审人民法院审理被告人或者他的法定代理人、辩护人、近亲属上诉的案件,不得加重被告人的刑罚。第二审人民法院发回原审人民法院重新审判的案件,除有新的犯罪事实,人民检察院补充起诉的以外,原审人民法院也不得加重被告人的刑罚。"域外有的国家的刑事诉讼法已经有了明确规定。比如,德国《刑事诉讼法》明确规定了"不利益变更禁止原则",即当被告自己、其法定代理人或检察机关为其利益而提起法律救济时,判决在法律效果的种类及刑度上均不得为不利于被告的更改。《行政处罚法》第四十五条、《行政许可法》第三十六条、《行政强制法》第十八条和第三十六条等行政法对被处罚人陈述、申辩都有规定。听证和行政复议中是否可以参照类推不得加重处罚?听证、行政复议也是保障当事人有参与表达意见的机会,达到增强行政处罚的正确性的客观效果。虽然法律规范没有明文规定,但全国人大常委会法工委关于行政复议机关能否加重对申请人处罚问题的答复意见(法工委复字〔2001〕21号)对此有过明确意见:"行政复议机关在对被申请人作出的行政处罚决定或者其他具体行政行为进行复议时,作出的行政复议决定不得对该行政处罚或者该具体行政行为增加处罚种类或加重对申请人的处罚。"

被处罚人在陈述、申辩、听证和行政复议中不得加重处罚是《刑法》上诉不加刑原则,是《刑事诉讼法》的该项重要原则的延伸,是保障被处罚人充分行使上诉权的关键,也是在特殊情况下牺牲程序正义以保证实质公平正义得到贯彻的必要之举。这一制度设计具有以下价值意义:

首先,复议、听证等申辩救济不加罚原则能够保证被处罚人充分行使上诉权,打消心理顾虑,大胆地通过申辩程序维护自己的合法权益。被处罚人由于处罚行为不公而提起申辩,倘若因此而加重刑罚,或者采用其他方式"变相加罚",试问谁还敢积极申辩维权?救济制度岂不是成了摆设?申辩不加罚原则应该成为被处罚人依法依规救济时的"后盾",通过该制度鼓励其运用法律武器保护自己，切实保障人权。

其次，该原则能够在充分保障人权的基础上，查明案件事实，有效防止冤假错案的发生。在一些冤假错案频频曝出的背景下，上诉不加罚原则能减少执法人员的随意性，并在认清案件事实、防止无错之人受到行政处罚等方面发挥不可忽视的作用。另外，对于处罚畸轻的案件，通过准确适用申辩不加罚原则，可以在不加罚的基础上改变案件的定性，通过政府机关内部调整，实现程序公正与实体公正的有机统一，也是信赖利益保护原则的体现，更有利于诚信政府建设。可见，该原则强化了被处罚人的申辩力量，给予处于劣势地位的申请救济者程序上的"优惠"的同时，实现了行政复议和听证结构的控辩平衡，既适应经济发展新形势，又体现加强法治建设和以人为本的社会主义核心价值观。

再次，申辩不加罚原则的规定可以敦促政府机关积极行使管理职能，上级机关通过复议形式形成被处罚人的对抗通道。由于政府机关受"申辩不加罚"的限制，故在行政处罚中应该积极并审慎地行使行政执法权，在认定"违法事实"的基础上正确适用法律和法规，防止被处罚人利用救济制度的漏洞。公正执法，经得起检验，实现社会行政管理的公平正义。

最后，该原则能够维护行政处罚申辩制度和两审终审的行政诉讼制度。在当事人通过复议、听证维护自身利益的情形下，启动相关程序，可以对被处罚人认为对其不利的处罚进行全面的审查，有错必纠，减少错误处罚带来的不利影响。同时，在处罚决定确有错误的情况下，被处罚人基于撤销改变原不利处罚而进行申辩，有助于依法行政和实体正义得到全面落实，实现行政处罚的程序正义。

申辩不加罚原则是为维护行政处罚公正和维持社会秩序而设置的，不仅维护被告人利益，也督促政府机构案件审查职能落实，有利于查明事实；事实不清，采取有利于被处罚人的路径，是从"绝不放过一个坏人，也绝不冤枉一个好人"理想思维向"宁可放过十个坏人，也不冤枉一个好人"的客观实践的进步，是"疑罪从无"在行政法中的体现，是实现行政公正管理的重要原则。但是由于该原则本身就存在负面性，所以在适用时应该通过立法和司法解释规避其不利影响。在案件审理的过程中，执法工作人员必须严谨审慎，在彻底适用申辩不加罚原则的前提下，兼顾被处罚人利益、被损害人利益以及国家利益，作出最合理、合法的处罚，使每一个案件的处罚结果经得起案件审查的推敲、人民群众的质疑、时间的检验，让人民群众在每一个行政处罚案件中感受到公平正义，以维护行政机构和法律的尊严与权威。

26.行政授权与行政委托

专家学者对行政授权与行政委托的研究视角不同，争议较大。究其原因是我国没有一部完整的行政法典，对行政授权和行政委托没有规范性定义。

2021年修订的《行政处罚法》对行政授权和行政委托进行了描述：

第十九条 法律、法规授权的具有管理公共事务职能的组织可以在法定授权范围内实施行政处罚。

第二十条 行政机关依照法律、法规、规章的规定，可以在其法定权限内书面委托符合本法第二十一条规定条件的组织实施行政处罚。行政机关不得委托其他组织或者个人实施行政处罚。

委托书应当载明委托的具体事项、权限、期限等内容。委托行政机关和受委托组织应当将委托书向社会公布。

委托行政机关对受委托组织实施行政处罚的行为应当负责监督，并对该行为的后果承担法律责任。

受委托组织在委托范围内，以委托行政机关名义实施行政处罚；不得再委托其他组织或者个人实施行政处罚。

第二十一条 受委托组织必须符合以下条件：

（一）依法成立并具有管理公共事务职能；

（二）有熟悉有关法律、法规、规章和业务并取得行政执法资格的工作人员；

（三）需要进行技术检查或者技术鉴定的，应当有条件组织进行相应的技术检查或者技术鉴定。

从《行政诉讼法》的行政救济角度看，行政授权是指法律、法规、规章直接将某行政职权授予其他组织，或行政主体依据法律、法规、规章的规定将自己拥有的行政职权授予其他组织，由被授权的组织独立行使职权并承担相应责任的法律行为。

《行政诉讼法》第二条规定："公民、法人或者其他组织认为行政机关和行政机关工作人员的行政行为侵犯其合法权益，有权依照本法向人民法院提起诉讼。

前款所称行政行为，包括法律、法规、规章授权的组织作出的行政行为。"

《最高人民法院关于适用〈中华人民共和国行政诉讼法〉的解释》第二十条第三款规定："没有法律、法规或者规章规定，行政机关授权其内设机构、派出机构或者其他组织行使行政职权的，属于行政诉讼法第二十六条规定的委托。当事人不服提起诉讼的，应当以该行政机关为被告。"

据此可反证，如有法律、法规或规章规定，行政机关授权其内设机构、派出机构或者其他组织行使行政职权的，属于行政授权，应以行政机关内设机构、派出机构或者其他组织为被告。

《行政诉讼法》第二十六条第五款规定："行政机关委托的组织所作的行政行为，委托的行政机关是被告。"

从现有行政法规的组织法、行为法和救济法的角度看，我们可以得出这样的结论：行政授权是指法律、法规、规章直接将某行政职权授予其他组织，或行政主体依据法律、法规、规章的规定将自己拥有的行政职权授予其他组织，由被授权的组织独立行使职权并承担相应责任的法律行为。（权力法定或行政确认）

没有具体法律、法规或者规章规定，行政机关授权其内设机构、派出机构或者其他组织行使行政职权的，属于行政委托。当事人不服提起诉讼的，应当以该行政机关为被告。（谁委托谁担责）

27.正确理解行政规范性文件

2021年修订的《行政处罚法》共分八章八十六条，其中第十六条规定："除法律、法规外，其他规范性文件不得设定行政处罚。"什么是行政规范性文件？谁有权力制定行政规范性文件？谁负责审核行政规范性文件？行政规范性文件有多大调整空间？

一、什么是行政规范性文件？

法律、法规、规章在具体行政行为中要不断细化、具体化实施，地方政府及其部门制发规范性文件落实法律、法规、规章的管理要求。《行政处罚法》所称的行政规范性文件，指法律范畴以外的、由行政机关发布的作为行政管理依据的、具有约束力的非立法性文件。国务院《关于全面推行行政规范性文件合法性审核机制的指导意见》指出，凡涉及公民、法人和其他组织权利和义务的规范性文件，均要纳入合法性审核范围，确保实现全覆盖，做到应审必审。行政机关内部执行的管理规范、工作制度、机构编制、会议纪要、工作方案、请示报告及表彰奖惩、人事任免等文件，不纳入规范性文件合法性审核范围。结合客观实际工作可以得出：行政规范性文件是指县级以上人民政府及其部门，根据法律、法规和其他上位法的规定，在其法定权限内制定，用以规范行政管理事务，公布并对不特定人适用，具有普遍约束力的文件。

二、谁有权力制定行政规范性文件？

县政府、乡（镇）政府、县政府工作部门以及经法律、法规授权的具有管理公共事务职能的组织，可以制定规范性文件。临时性机构、议事协调机构，以及行政机关内设机构、下设机构和派出机构，不能制定规范性文件。

三、谁是行政规范性文件的合法性审核主体？

由于行政规范性文件涉及管理相对人的权利和义务，需要合法性审核，行政诉讼中管理相对人有权要求审判机关对行政规范性文件进行合法性审查。审核机构（可以是制定机关其他部门，也可以是指定机关）要充分发挥合法性审核机制对确保行政规范性文件合法有效的把关作用，认真履行审核职责，根据不同情形提出合法、不合法、应当予以修改的书面审核意见，不得以征求意见、会签、参加审议等方式代替合法性审核。未经合法性审核或者不采纳合法性审核意见导致行政规范性文件违法，造成严重后果的，依纪依法追究有关责任人员的责任。

四、涉及哪些行为的文件具有可诉性？

从《行政诉讼法》角度，结合查询中国裁判文书网，可诉的行政文件远远多于行政规范性文件，主要涉及以下内容：

（1）行政法规、规章的制定行为；

（2）行政规定（规范性文件）的制定行为；

（3）行政许可；

（4）行政处罚；

（5）行政确认；

（6）行政强制；

（7）行政征收；

（8）行政计划；

（9）行政合同；

（10）行政命令；

（11）行政指导；

（12）行政裁决；

（13）行政复议；

（14）行政处分。

对第11—14点的认定争议较大，地区间也有很大差异。但从时间维度分析，近年来规范性文件从严，理论界限权理论成为主角，司法事件中文件可诉性不止表现为14种行政行为，还有进一步扩大的趋势，这也是对全面推进依法治国的时代回应。

28.行政行为被确认违法是否必须撤销?

全面依法治国是一个系统工程，必须统筹兼顾、把握重点、整体谋划。依法行政是依法治国的重要组成部分，而行政救济是以人民为中心的具体体现。行政复议和行政诉讼案件中的行政行为，被确认违法的，多数被依法予以撤销，如请求确认处罚决定违法、确认吊销许可违法等。而复议或诉讼中被确认违法后的行政行为效力是否仍然存在，法律并没有明确规定。从一般认知标准上来看，行政行为违法应当失去法律效力，不然提起复议或行政诉讼就没有意义。而实际上，行政行为的合法性和有效性并非完全一致。行政行为违法的程度不同，决定了行政行为的效力是否能够被撤销。

行政行为的违法程度分为三种：一是重大且明显违法；二是一般违法；三是程序轻微违法。确认无效判决对应行政行为重大且明显违法的行政行为；撤销判决和变更判决对应一般违法的行政行为。在确认违法判决下，行政行为的效力分为以下两种情况：

一、确认行政行为违法但不撤销

《行政诉讼法》第七十四条规定：

行政行为有下列情形之一的，人民法院判决确认违法，但不撤销行政行为：

（一）行政行为依法应当撤销，但撤销会给国家利益、社会公共利益造成重大损害的；

（二）行政行为程序轻微违法，但对原告权利不产生实际影响的。

其具体表现为：

一是行政行为程序轻微违法，但不会对当事人的权利造成实际影响，或者影响轻微的，如果行政机关撤销这类违法行为，还必须重作，这样不利于节约成本。

二是撤销该行政行为将会给国家利益或者社会公共利益造成重大损失，因此违法行政行为的法律效力会被自始至终保留。

二、不需要撤销但确认违法

《行政诉讼法》第七十四条第二款规定:

行政行为有下列情形之一,不需要撤销或者判决履行的,人民法院判决确认违法:

(一)行政行为违法,但不具有可撤销内容的;

(二)被告改变原违法行政行为,原告仍要求确认原行政行为违法的;

(三)被告不履行或者拖延履行法定职责,判决履行没有意义的。

这三种情形具有一定自身的特殊性。确认违法的行政行为,依法应当撤销,但出于特殊原因不撤销,只确认违法;此处确认违法的行政行为,本应撤销或履行,但撤销和履行已经没有任何意义。违法的行政行为要么本身没有可撤销内容,如行政事实行为,在当事人诉讼时违法行为的后果早已发生,撤销已经没有意义;要么是可以撤销的内容实际已经撤销,比如原告复议或起诉后被告改变原行政行为,对原告的不利影响实际已经消除;要么是即使履行原告也没有再实现权利的可能。在这三类情形下,应当作出确认行为违法的判决。在实践中,法官常常以不具有可撤销内容为由判决行政行为违法,对其违法性进行确认可以充当后续补救判决的依据,以此提起国家赔偿诉讼。

要区分确认违法但不适合撤销和确认违法但不需要撤销。在确认违法但不适合撤销判决下,行政行为会得到保留;在确认违法但不需要撤销判决下,行政行为的效力已不存在。在司法实践中,这两类判定经常被搞混。在确认违法但不需要撤销行政行为时,仍然保留行政行为的效力;或者在判定说理中,将本来应当属于为了国家利益和社会公共利益确认违法判决认定为不具有可撤销内容判裁,判定说理逻辑混乱;甚或有一些行政机关认为,只要被判定确认违法没有被撤销的行政行为,就应当继续保留其效力,不加区别地对确认违法行为进行认定。这些都是对确认违法认定形式的错误应用。

此外,行政复议和行政诉讼应当对程序违法程度作出判断,区分重大程序瑕疵与轻微程序瑕疵,并依据"明显重大者无效,明显轻微者有效"的原则进行处理,即对重大程序违法的行政行为裁定不准予执行,对轻微程序违法的行政行为裁定准予执行。具体如何衡量明显重大,一般应以程序违法是否致行政行为撤销或无效的程度为宜。对此,重点把握三个方面:

一是是否违反了行政程序法律的基本原则性规定,如违反了基本程序,说明行政行为没有实现行政程序法的立法目的,构成滥用职权;

二是行政程序的违反是否影响基本事实的认定；

三是在结果上是否对行政相对人或利害关系人的程序权利和实体权利造成实际损害。

29.蠡测行政行为

最常见的行政行为如下：

一、行政确认

行政确认是指行政主体依法对行政相对人的法律地位、法律关系或者有关法律事实进行甄别，给予确定、认定、证明（或否定）并予以宣告的行政行为，如违法确认、登记证书、学位证明等等。

二、行政征收与行政征用

行政征收是指行政主体凭借国家行政权，依据国家和社会公共利益的需要，依法向行政相对人强制征集一定数额金钱和实物的行政行为，如征税、收费等。行政征用是指行政主体出于公共利益的需要，依据法律、法规的规定，强制性地取得行政相对人的财产所有权、使用权或劳务并给予合理经济补偿的一种具体行政行为，如土地征收、拆迁等。

具体行政行为具有哪些效力？

1.确定力

行政行为具有确定力是指有效成立的行政行为，具有不可变更力，既非依法不得随意变更或撤销，具有不可争辩力，如各种登记证书等。

2.拘束力

行政行为具有拘束力是指行政行为成立后，有关人员或组织必须遵守、服从其内容，如税收等。

3.公定力

所谓公定力，是指行政主体作出的行政行为，无论合法还是违法，都推定为合法有效，相关的当事人都应当先加以遵守或服从，如行政许可等。这是行政效率原则的要求。

4.执行力

行政行为具有执行力是指行政行为生效后，行政主体依法有权采取一定手段，使行政行为的内容得以实现的效力，如依法执行等。

对行政行为的法定救济途径：行政复议和行政诉讼属于行政相对人维护权利法定救济途径，但是相对人不能同时选择。

30.无效与可撤销行为的边界

根据《行政诉讼法》《行政复议法》的规定，判断具体行政行为合法性的基本标准是：

（1）主体符合法定职权范围；

（2）行为事实证据确凿；

（3）使用法律、法规正确；

（4）符合法定程序；

（5）不滥用职权；

（6）无明显不当。

以上每一项都是具体行政行为合法的必要条件。

无效的行政行为是指明显重大违法或者存在严重合法性缺陷的具体行政行为，即正常理智可以判定为重大、明显违法。

可撤销的行政行为是指一般违法或者明显瑕疵的行政行为。可撤销的行政行为在被撤销之前被推定为有效，对相对人有约束力、执行力，行政机关可以强制执行。行为相对人如果想要否定其效力，要在法定期限内向行政机关提出请求。一般情况下，超过期限后，该行政行为就变成合法行为，不能再寻求救济。

需要指出的是，《行政处罚法》第三十八条第二款规定："违反法定程序构成重大且明显违法的，行政处罚无效。"程序是否合法是判断行政行为是否合法的重要标准。行政机关遗漏程序步骤、颠倒程序、超越时限以及通过违法方式采集证据，所作出的行政行为都违法。当事人的程序权利必须得到满足，而且当事人的知情权、陈述权以及申辩权必须得到行政机关的尊重和保障。

31.依法行政的"证据"要求

一个优质的行政处罚案例,一定是证据确凿,适用法律、法规正确,符合法定程序,处罚适当的。其中,证据是前提和基础。证据包括:

(1) 书证;

(2) 物证;

(3) 视听资料;

(4) 电子数据;

(5) 证人证言;

(6) 当事人的陈述;

(7) 鉴定意见;

(8) 勘验笔录、现场笔录。

证据必须经查证属实,方可作为认定案件事实的根据。

以非法手段取得的证据,不得作为认定案件事实的根据。

对以严重侵害他人合法权益、违反法律禁止性规定或者严重违背公序良俗的方法形成或者获取的证据,不得作为认定案件事实的依据。

证据确凿是指事实清楚、充分。这具体表现为:违法行为发生的时间、地点、动机、目的、手段、后果相关情况清楚,这些事实是否清楚,要通过证据来证明。证明要达到什么标准?从《行政诉讼法》的要求来看,是指主要证据,即案件能否成立,确定案件性质的证据。

证据事实清楚要点包括:

(1) 注明被取证的当事人有关事项;

(2) 有取证事由和依据;

(3) 有取证的具体时间、地点;

(4) 有物品规格、数量描述等;

(5) 有物品保存期限、保存条件和地点;

(6) 需先行登记保存或者查封扣押的,应由负责人审批记载;

(7) 对先行登记保存或者查封扣押的物品应在法律、法规规定的时间内作出

处理决定;

（8）由被取证的单位或者个人签名或者盖章;

（9）有记载物品处理决定和处理结果的文书;

（10）证据能够确定案件事实。

证据充分要点包括:

（1）案件所涉及的事实需要有必要的证据予以支撑，如涉及"数量巨大"，需要有核定清楚的非法行为涉及的频次或金额，而不是执法人员的认识或当事人口供来认定。

（2）完整的证据链或因果关系，如涉及"停业整顿"，需要有违法事实和企业管理之间的联系。

（3）足够的证据量来显示事实轮廓或环节清晰。如"没收非法财物"，就要有具体的次数和时间段来量化。

需要说明的是:电子技术监控设备记录违法事实应当真实、清晰、完整、准确。行政机关应当审核记录内容是否符合要求;未经审核或者经审核不符合要求的，不得作为行政处罚的证据。

32.行政处罚决定书的内容及修正

一、行政处罚决定书应该载明的内容

行政处罚决定书是行政机关出具的、载明该行政机关对当事人依法给予的行政处罚的有关内容的法律文书。行政处罚决定书是行政机关针对特定的公民、法人或者其他组织作出行政处罚的书面证明；是被处罚人依法申请行政复议或者提起行政诉讼的法律上的依据。因此，行政机关必须出具行政处罚决定书。《行政处罚法》第五十九条规定：

行政机关依照本法第三十八条的规定给予行政处罚，应当制作行政处罚决定书。行政处罚决定书应当载明下列事项：

（一）当事人的姓名或者名称、地址；

（二）违反法律、法规或者规章的事实和证据；

（三）行政处罚的种类和依据；

（四）行政处罚的履行方式和期限；

（五）申请行政复议、提起行政诉讼的途径和期限；

（六）作出行政处罚决定的行政机关名称和作出决定的日期。

行政处罚决定书必须盖有作出行政处罚决定的行政机关的印章。

二、行政处罚决定书出现错误的纠正

对行政处罚进行纠错是有严格要求的，但对于该怎么纠错，《行政处罚法》没有具体规定。从执法实践来看，应从以下几个方面进行分析：

1.编号、字迹、日期、印章等错误

如果发现行政处罚决定书中出现编号、字迹、日期、印章等错误，应当以行政机关正式文件作出必要说明，同时重新制作，并送达行政处罚决定书给行政相对人，不必重新履行行政处罚告知程序。

2.处罚种类或处罚幅度有问题

如果发现行政处罚决定书中的处罚种类或处罚幅度错误，应当以行政机关正式文件作出必要说明，从行政相对人处收回该行政处罚决定书，重新制作并送达行政处罚决定书给行政相对人。因改变了处罚种类或处罚幅度，必须重新履行行政处罚告知程序。

3.适用法律错误

如果发现行政处罚决定书所适用的法律、法规、规章或适用法律、法规、规章的条款错误，应当以行政机关正式文件撤销该行政处罚决定书，并从行政相对人处收回该行政处罚决定书，然后重新履行行政处罚告知程序，重新制作并送达行政处罚决定书给行政相对人。

4.事实错误

如果发现行政处罚决定书中的违法事实不清或证据不确凿，应当以行政机关正式文件撤销该行政处罚决定书，并从行政相对人处收回该行政处罚决定书；然后重新对违法事实进行调查核实，补充完善相关证据，在做到事实清楚、证据确凿的基础上，再按照行政处罚程序规定重新作出处理决定，重新履行处罚告知程序，重新制作并送达行政处罚决定书。因在行政相对人申请行政复议或提起行政诉讼之前，执法部门可以重新调查取证，重新作出处理决定，这也是符合《行政处罚法》要求行政机关主动进行纠错的精神的。而在行政复议或行政诉讼期间，我们执法部门是不可以自行收集证据的，即使收集了证据也是无效的；但主动进行纠错符合《行政处罚法》的原则和要求。

5.程序出错

发现行政处罚的程序出现错误，如责令整改未到期就作出行政处罚决定，而行政相对人提出异议或对责令整改未到期就处罚提出异议，致使该案处罚在程序上存在严重缺陷，此时应当以行政机关正式文件撤销该行政处罚决定书，并从行政相对人处收回该行政处罚决定书，再按照行政处罚程序规定重新作出处理决定，重新履行处罚告知程序，重新制作并送达行政处罚决定书。

6.管辖错误

如果发现因没有管辖权而导致行政处罚决定错误的，应当以行政机关正式文件撤销该行政处罚决定书，并从行政相对人处收回该行政处罚决定书，然后按照案件移送的规定将案件材料移送给有管辖权的部门进行处理。

33.具体行政行为在行政复议、行政诉讼期间是否需要停止执行?

行政复议、行政诉讼是行为相对人对具体行政行为不服时的主要救济途径。当事人申请行政复议、行政诉讼期间是否能必然导致具体行政行为的停止?

一、可暂缓强制执行的法律依据

《行政诉讼法》第九十七条规定:"公民、法人或者其他组织对行政行为在法定期限内不提起诉讼又不履行的,行政机关可以申请人民法院强制执行,或者依法强制执行。"

《行政强制法》第五十三条规定:"当事人在法定期限内不申请行政复议或者提起行政诉讼,又不履行行政决定的,没有行政强制执行权的行政机关可以自期限届满之日起三个月内,依照本章规定申请人民法院强制执行。"

从这些规定中可以看出,行政机关作出的具体行政行为在行政复议和行政诉讼期间申请人民法院强制执行,人民法院不予受理和不予执行。

二、不停止执行的法律依据

《行政处罚法》第七十三条规定:"当事人对行政处罚决定不服,申请行政复议或者提起行政诉讼的,行政处罚不停止执行,法律另有规定的除外。"

《行政复议法》第二十一条规定"行政复议期间具体行政行为不停止执行"以及除外情形。

《行政诉讼法》第五十六条规定"诉讼期间,不停止行政行为的执行"以及但书。

《行政强制法》第三十四条规定:"行政机关依法作出行政决定后,当事人在行政机关决定的期限内不履行义务的,具有行政强制执行权的行政机关依照本章规定强制执行。"

三、在实际操作中要注意的方面

（1）法律虽然赋予行政机关强制执行权，但执行标的物不能恢复原状或者退还财物，在诉讼复议期间建议停止执行。《行政强制法》第四十一条规定："在执行中或者执行完毕后，据以执行的行政决定被撤销、变更，或者执行错误的，应当恢复原状或者退还财物；不能恢复原状或者退还财物的，依法给予赔偿。"为减少国家赔偿的出现，行政机关在执行具体行政行为时，在复议、诉讼期间建议停止执行，如没收违法所得、没收非法财物、责令停产停业、暂扣或者吊销许可证、暂扣或者吊销执照、对行政拘留等行政处罚决定不服的。

（2）法律赋予行政机关强制执行权，且执行标的物能恢复原状或者退还财物的情况，可以在行政复议或者行政诉讼期间不停止具体行政行为的执行。例如：申请行政机关履行保护人身权利、财产权利、受教育权利的法定职责，行政机关没有依法履行的；申请行政机关依法发放抚恤金、社会保险金或者最低生活保障，行政机关没有依法发放的。

（3）行政机关没有强制执行权，而要向人民法院申请强制执行时，相对人提请行政复议和行政诉讼，依据《行政诉讼法》第七十九条和《行政强制法》第五十三条注意对强制执行受理时间节点的规定。例如，邮政管理等行政管理部门没有强制执行权，就要遵循行政复议或行政诉讼期间停止具体行政行为的执行的法律规定。"法无授权即禁止"，行政机关的管理权来源于法律，法律明确没有强制执行权的行政机关应申请法院执行，因此，没有强制执行权的行政机关应当根据法律规定行使职权。例如，对这类行政机关作出的限制人身自由或者查封、扣押、冻结财产等行政强制措施决定不服的，对行政机关作出的限制人身自由或者查封、扣押、冻结财产等行政强制措施决定不服的，行政机关需要申请法院强制执行。

（4）《行政强制法》第四十四条的规定是行政复议或行政诉讼不停止执行原则的特例条款。其规定："对违法的建筑物、构筑物、设施等需要强制拆除的，应当由行政机关予以公告，限期当事人自行拆除。当事人在法定期限内不申请行政复议或者提起行政诉讼，又不拆除的，行政机关可以依法强制拆除。"例如，违法的建筑物，在公告限期内由当事人自行拆除；只有当事人在法定期限内不申请行政复议或者提起行政诉讼，又不拆除的，行政机关才可以依法强制拆除。最高人民法院关于强制执行出台一系列指导性意见，结合实际，关注特例条款和司法解释。

34. 浅谈《行政处罚法》之违法所得

一、违法所得认定的意义

违法所得的认定关系行政处罚的具体实施。行政处罚的种类可以明确为六类：

（1）警告、通报批评；

（2）罚款、没收违法所得、没收非法财物；

（3）暂扣许可证件、降低资质等级、吊销许可证件；

（4）限制开展生产经营活动、责令停产停业、责令关闭、限制营业；

（5）行政拘留；

（6）法律、行政法规规定的其他行政处罚。

没收违法所得是除了罚款以外比较常见的一种财产罚，并且违法所得金额的认定有时还会影响到罚款的最终确定。例如，《中华人民共和国矿产资源法》（以下简称《矿产资源法》）第三十九条规定："违反本法规定，未取得采矿许可证擅自采矿的，擅自进入国家规划矿区、对国民经济具有重要价值的矿区范围采矿的，擅自开采国家规定实行保护性开采的特定矿种的，责令停止开采、赔偿损失，没收采出的矿产品和违法所得，可以并处罚款；拒不停止开采，造成矿产资源破坏的，依照刑法有关规定对直接责任人员追究刑事责任。"《中华人民共和国矿产资源法实施细则》第四十二条（一）对《矿产资源法》第三十九条当中的罚款标准作出了相应的规定，罚款的标准为违法所得的50%以下。可见，违法所得的认定不仅关系着没收违法所得处罚能否顺利实施，也关系着部分行政处罚案件罚款金额的计算，并且违法所得认定的不同也造成处罚结果的不同。在没有统一认定标准的情况下，不同的执法部门作出的行政处罚必然会出现不同的结果，也影响着行政处罚的公正。因此，违法所得的认定在行政处罚实施过程中有着重要的意义。

二、违法所得认定存在的问题

(一) 违法所得金额认定标准不统一

《行政处罚法》的普遍适用性使各部门的行政处罚在程序上得到了统一，但对于违法行为的定性以及处罚的方式主要还是依据各部门单行法的规定。我国部门法的立法都是各部门根据自身的特点来起草，极具部门特点。各部门之间缺乏统一性，导致对于相同的行政处罚方式也会出现不一样的认定标准。现阶段我国行政执法还没有形成综合性执法的执法制度体系，还是处于各部门单独执法的阶段，所以在违法所得金额的认定上有着各自的理解，也就相应地出现了不同的规定及解释。立法以及执法的不统一继而导致各部门对违法所得金额的认定存在不统一的情况，主要分为以下两种认定方式。

1.违法所得即全部收入

《国土资源违法行为查处工作规程》9.2.6.2条款规定："对无证开采和越界开采的，违法所得数额应当按照销售凭证确定；没有销售凭据的，按照违法行为发生时当地原矿的市场价格计算，不扣除开采成本。"

《国务院法制办公室对商务部关于请明确〈中华人民共和国导弹及相关物项和技术出口管制条例〉等行政法规中"违法所得"的函的复函》明确规定："《中华人民共和国导弹及相关物项和技术出口管制条例》中的'违法所得'是指从事违法行为的全部实际收入。"

《卫生部法监司关于如何计算化妆品生产经营行为的违法所得请示的复函》明确规定："《化妆品卫生监督条例》所称的违法所得，是指违反《化妆品卫生监督条例》，从事化妆品生产经营活动所取得的全部营业收入（包括成本和利润）。"

2.违法所得应将成本以及直接用于经营活动的适当的合理支出扣除

《工商行政管理机关行政处罚案件违法所得认定办法》第二条规定："工商行政管理机关认定违法所得的基本原则是：以当事人违法生产、销售商品或者提供服务所获得的全部收入扣除当事人直接用于经营活动的适当的合理支出，为违法所得。"

《国家工商行政管理局关于〈反不正当竞争法〉第二十三条和第三十条"质次价高"、"滥收费用"及"违法所得"认定问题的答复》明确："违法所得"是指被指定的经营者通过销售质次价高商品或者滥收费用所获取的非法收益，主要包括下列情况：

（1）销售不合格商品的销售收入；

（2）超出同类商品的通常市场价格销售商品而多获取的销售收入；

（3）应当收费而超过规定标准收费所多收取的费用；

（4）不应当收费而收取的费用。

（二）法律关于违法所得金额认定的规定不明确

1.违法所得金额认定方式缺少具体的法律规定

《城镇燃气管理条例》第四十六条规定：

违反本条例规定，燃气经营者有下列行为之一的，由燃气管理部门责令限期改正，处 1 万元以上 10 万元以下罚款；有违法所得的，没收违法所得；情节严重的，吊销燃气经营许可证；造成损失的，依法承担赔偿责任；构成犯罪的，依法追究刑事责任：

（一）拒绝向市政燃气管网覆盖范围内符合用气条件的单位或者个人供气的；

（二）倒卖、抵押、出租、出借、转让、涂改燃气经营许可证的；

（三）未履行必要告知义务擅自停止供气、调整供气量，或者未经审批擅自停业或者歇业的；

（四）向未取得燃气经营许可证的单位或者个人提供用于经营的燃气的；

（五）在不具备安全条件的场所储存燃气的；

（六）要求燃气用户购买其指定的产品或者接受其提供的服务的；

（七）燃气经营者未向燃气用户持续、稳定、安全供应符合国家质量标准的燃气，或者未对燃气用户的燃气设施定期进行安全检查。

《城镇燃气管理条例》只是规定了要没收违法所得，并没有规定如何对违法所得金额来进行认定，行政主管部门也没有继续作出具体的规定或解释。

2.成本以及支出的范围没有明确的规定

部分行政主管部门对违法所得金额的认定规定了扣除成本或扣除成本以及直接用于经营活动的适当的合理支出，看似作出了具体的规定，但是在实践中会出现成本以及直接用于经营活动的适当的合理支出的范围无法界定的情况。商品的进购价格明显属于成本的范围。除此之外，人工费用、税费等也是必然存在的。这部分费用是否应当算作成本的一部分，目前还没有明确的规定或解释。直接用于经营活动的适当的合理支出也是比较模糊的规定，"适当的""合理的"这样的形容词在理解上会产生差异，实践中需有相关规定予以明确。

在实践中，住房和城乡建设部门在执法过程中遇到了对违法所得难认定的情况。违法事由为某燃气公司在不符合安全生产条件的场所储存燃气，处罚的结果中便有一项是没收违法所得，但是在对于违法所得的认定上执法部门找不到认定的依据。燃气公司并不生产燃气，只是负责供气，我们可以运用不同的学说来进行分析。

第一种是利润说，即应当扣除经营过程中的成本等合理性支出。但被处罚对象是新成立的燃气公司，如果扣除的成本仅仅是进购燃气的成本，剩余的利润可作为违法所得予以没收；如果扣除的成本除了进购燃气的成本外还包括其他成本，如建设成本、人员成本等，新成立的公司很有可能出现没有违法所得的情形。少了一项行政处罚内容对被处罚人是有利的，但办案人员要考虑在没有认定依据的情况下采用这种认定方式是否会造成处罚不到位的后果，增加自身的责任。

第二种是收益说，即将全部收益作为违法所得予以没收。这种方式较第一种利润说实施起来更加简单，认定也更加直观，但是给行政相对人的权益带来了损失，加重了行政相对人的义务，容易产生行政诉讼纠纷。这些问题导致了该行政处罚实施困难，办案周期较长的现象。

(三) 行政执法机关对违法所得的调查取证难

执法机关取证困难主要表现为当事人不配合、证人拒绝作证、无法进入现场等。

在行政处罚案件中，执法人员对违法事实的认定主要是依据笔录，包括询问笔录以及现场勘测笔录。在出现当事人及证人不配合的情况时，制作笔录就很难进行。行政机关执法与公安部门执法不同。行政机关执法权力有限，且对行政相对人来说没有足够的震慑力，甚至会被行政相对人拒之门外，连违法现场都无法进入。虽然《行政处罚法》规定当事人或者有关人员应当如实回答询问并协助调查或检查，但是这仅仅是管理性规定，没有对应的罚则或强制措施，这导致执法人员在遇到不配合调查的情况时也只能束手无策。也有的观点认为，可以利用《治安管理处罚法》的规定来处罚不配合调查的行为，即《治安管理处罚法》第五十条规定：阻碍国家机关工作人员依法执行职务的，处警告或者罚款；情节严重的，处拘留，可以并处罚款。但是《治安管理处罚法》的实施机关是公安机关，也就意味着还需要其他行政机关将案件移送到公安机关，公安机关是否能将当事人不配合调查的情形认定为阻碍国家机关工作人员依法执行职务也可能与其他行政机关在认定标准上存在不同的观点。现实的情况大多也是当事人的行为达不到立案的条件而不予立案，最终这种不配合、不协助调查的行为也不会受到制裁，《行政处罚法》中的这部分管理性规定也失去了其存在的意义。

在有没收违法所得处罚的案件中，对于是否有违法所得以及对违法所得的金额的认定，大部分依赖当事人的笔录。在查处非法采矿案件中，对当事人是否有违法所得的认定就要看当事人是否有将采出的矿产品卖出的这一行为。实际办案过程中，行政机关执法人员调取证据的手段有限，很难获取视频、照片等证据，执法人员基本只能通过询问当事人来认定是否有卖出矿产品的行为。对于违法所得金额的认定也是如此，执法人员在当事人不配合的情况下无权强制调取收据、账单等证据。行政机关在调取不到销售凭据的情况下，只能聘请第三方专业机构对当下矿产品的价格进行评估认定，这无疑也增加了行政机关的办案成本。

三、没收违法所得的性质

《行政处罚法》第九条明确规定了没收违法所得是行政处罚的种类之一。但行政处罚的定义是指行政机关依法对违反行政管理秩序的公民、法人或者其他组织，以减损权益或者增加义务的方式予以惩戒的行为。也就是说，行政处罚通过减损权益或者增加义务的方式来达到有惩戒的效果。单从行政处罚的惩戒性来看，没收违法所得不能算得上真正意义上的行政处罚。违法所得是指行政相对人从事违反国家法律、法规规定的活动所获得的利益。既然是通过违法活动取得的利益，也说明行政相对人本身就不应该拥有这部分利益。因此，在对这部分利益予以没收的时候并没有使行政相对人的权益减损，不具有惩戒性，也不能算是实施了行政处罚，而是一种行政处理。

笔者认为，违法所得金额认定的方式不同而产生的没收违法所得的性质也不同。如果违法所得的金额为全部收入，全部收入还包括行政相对人投入的成本，没收违法所得也相当于没收了行政相对人本身所有的财产，对行政相对人来讲减损了自身的权益，具有惩戒性，此时没收违法所得应属于行政处罚。如果违法所得的金额是扣除成本的剩余或者销售质次价高的商品、乱收费而获得的非法收入，或者多获得、多收取的收益、费用，那么此时没收违法所得并不会造成减损行政相对人权益、加重行政相对人的负担的后果，因此，不属于行政处罚，应属于行政处理。

四、关于违法所得认定问题的意见

（一）完善关于违法所得的立法

2021年修订的《行政处罚法》第二十八条第二款是关于违法所得的新规定，对于第二款的理解主要有两层含义：

一是在行政处罚过程中，当事人有违法所得的，应当依据《行政处罚法》予以没收。这是普遍适用于所有行政处罚的规定，但不是所有的没收违法所得案件都依据《行政处罚法》来作出。像《矿产资源法》以及《城镇燃气管理条例》均有关于没收违法所得的规定，在实施行政处罚时就要依据《矿产资源法》《城镇燃气管理条例》当中关于没收违法所得的规定来进行行政处罚；如果部门法当中没有关于没收违法所得的规定，当有行政相对人违法所得时再依据《行政处罚法》第二十八条来作出处罚。

二是实施没收违法所得处罚时，如果当事人还需要进行赔偿，应扣除赔偿的部分，扣除赔偿之后还有剩余的违法所得才是予以没收的部分。在处理非法采矿的行政处罚案件中，当事人将非法采出的矿产品卖出，卖出矿产品所得的金额为本案违法所得，同时当事人的非法采矿行为对国家矿产资源造成了一定的损失。《矿产资源法》第三十九条有关非法采矿的罚则，既规定了赔偿损失，又规定了没收违法所得的处罚，结合《行政处罚法》的规定来进行分析后，在具体实施处罚时确定由被处罚人先赔偿损失；若违法所得金额扣除赔偿损失金额还有剩余，再通过依法没收违法所得的方式来进行处罚。

2021年修订的《行政处罚法》增加的关于违法所得的新规定，虽使得没收违法所得这一行政处罚的规定相对清晰，但是仍然存在争议。《行政处罚法》第二十八条第二款规定"违法所得是指实施违法行为所取得的款项"，这是关于违法所得金额认定的规定，对于"款项"我们可以理解为实施违法行为所取得的全部收入，也可以理解为仅是实施违法行为所取得的利润。还有在法律条款没有提及成支出等问题，成本、支出范围的认定也是现实存在的争议点，如果在《行政处罚法》中加以明确，便能直接解决此部分的争议，也能够使各个部门的执法活动得到有效统一。

（二）增加行政强制措施的法律规定

在《行政处罚法》中增加关于行政强制措施的法律规定。我国虽然专门针对行政强制措施制定了《行政强制法》，但是目前《行政强制法》的规定与《行政处罚法》的规定存在一定的脱节现象。在《行政处罚法》中增加关于行政强制措施的规定能够使行政处罚的实施更有协同性。比如针对行政相对人不配合调查的情况，可以增加相应的行政强制措施的规定，也能与管理性规定相呼应，在解决管理性规定形同虚设问题的同时又能增强行政机关执法的震慑力。

（三）完善部门法

如果在法律层面没有具体的规定，各部门可以作出对于违法所得认定的规定或解释，如政府规章和规范性文件等。这样至少相同领域、相同部门的执法活动能够统一，不会出现在不同地域、相同执法机关中执法标准不同的现象。

35.行政机关的自我纠错

行政机关是按照有关法规设立的，代表国家依法行使权力的执行机关，依据法律、法规和规章能独立进行行政活动并承担由此产生的法律后果的主体。行政机关有权作出决定、发布命令，指导所属各部门、下级国家行政机关、企事业单位、社会团体的行政活动。既然有权作出决定和发布命令，行政机关的行为必然存在正确和错误的可能性。行政机关是作出决定的主体，需要承担相应后果，就必须具有自我纠错的义务。从严格依法行政的角度而言，对于所有有瑕疵的行政行为，都可以通过撤销的方式予以纠正。但是从公正公平以及行政效率和直接效益的角度考虑，基于保护行政相对人的信赖利益和减少行政争议的角度考量，行政机关应当采取足够审慎的态度，只有在瑕疵足以影响到实质处理结果时，才采用撤销的方式进行纠错。

一般认为，行政行为一经作出，便推定为合法有效，自然人、法人和社会组织都应该服从。基于行政行为的严肃性、稳定性和可预期性等特征，行政行为一经公布，非因法定原因和非经法定程序不得朝令夕改、随意撤销。一般需要经过外部纠错机制，如当事人申请、起诉、复议、仲裁、判决等，对违法行政行为作出撤销或更改行为。

行政机关作出行政行为和撤销行政行为都是行政职权的组成部分，同变更、修订一样都属于行政机关的职权范围。对合法行为无须论证，对不法行为依据"有错必纠"具有撤销的义务。如《行政处罚法》第五十四条第二款、《行政许可法》第六十九条、《行政诉讼法》第六十二条均对于行政机关自我纠错也采取了肯定态度。

行政行为是行政机关对于相对人严肃而郑重的承诺，所以必须信守承诺，而不得随意反悔，维护行政机关的自身权威。行政机关自我纠错要从行政效益和效率的角度进行考量，采取客观审慎的态度，充分考量是否有重新作出行政行为的必要；如不撤销，就会严重危及社会的公共利益，或从客观上已经证明与自然规律相抵触的决定，需要及时止损，及时撤销。此外，要准确认定"程序轻微违法""重大且明显违法"。对于重大且明显违法的行政行为，要勇于认定无效。另外，就是进行纠错的行政机关不能在主观上从纠错的行为中获利，什么时候进行纠错并不复杂，复杂的是人性。

36.行政相对人不履行行政处罚时行政机关加处罚款的期间计算与减免期限

《行政处罚法》第七十二条规定:

当事人逾期不履行行政处罚决定的,作出行政处罚决定的行政机关可以采取下列措施:

(一)到期不缴纳罚款的,每日按罚款数额的百分之三加处罚款,加处罚款的数额不得超出罚款的数额;

(二)根据法律规定,将查封、扣押的财物拍卖、依法处理或者将冻结的存款、汇款划拨抵缴罚款;

(三)根据法律规定,采取其他行政强制执行方式;

(四)依照《中华人民共和国行政强制法》的规定申请人民法院强制执行。

实践中,当事人不履行其义务时,行政机关通过法定形式向其发出通知,告知并催促其自觉履行,并告知其不自觉履行将产生的不利后果。不少行政相对人都知道"诉讼期间不加处罚款",但经常想当然地认为诉讼期间就是起诉期限,以致被加处罚款。其实,起诉期限和诉讼期间是两个完全不同的概念。起诉期限是指当事人认为行政行为侵犯其合法权益,可以在法定期限内向法院提起诉讼,法院将依法予以受理;超过法定期限向法院提起诉讼,法院将不再受理。而诉讼期间是指当事人起诉至法院,法院立案受理、审理、裁判结案的期间。以行政处罚案件为例,行政处罚决定中交代的起诉期限,是指行政相对人自收到行政处罚决定之日起六个月内可以向法院提起诉讼。而行政处罚决定的诉讼期间是指行政相对人对行政处罚决定提起诉讼,法院从立案到结案的期间。

一、关于在诉讼期间为何不计算加处罚款数额的问题

《行政诉讼法》第五十六条规定:"诉讼期间,不停止行政行为的执行。"其法理在于行政行为是公权力,行政行为一经作出,就具有公定力、确定力、强制

力和执行力。行政行为在未被依法撤销前，应当受到社会的充分认可和尊重。

行政行为有两种法律救济途径：第一种是行政审查，即行政复议；第二种是司法审查，即行政诉讼。法律救济期间（即审查期间）并不影响行政行为本身的法律效力。为了提高行政效率和维护行政管理秩序的相对稳定，法律规定诉讼不停止执行。这里不停止的是原行政行为的执行，而非执行罚。加处罚款的性质是执行罚，故诉讼期间应当中止执行。2007年4月27日，《关于行政处罚的加处罚款在诉讼期间应否计算问题的答复》明确规定："对于不履行行政处罚决定所加处罚款属于执行罚，在诉讼期间不应计算。"后该答复精神被2021年修订的《行政处罚法》所吸收，其第七十三条第三款规定："当事人申请行政复议或者提起行政诉讼的，加处罚款的数额在行政复议或者行政诉讼期间不予计算。"

二、关于在起诉期限内如何计算加处罚款期间的问题

并非所有的起诉期限都全部计算加处罚款数额。开始计算起诉期限的前15日不能计算加处罚款数额，因为这是行政机关给予行政相对人的主动履行期。在起诉期限内，行政相对人提起诉讼后，进入诉讼期间的时间应予扣除。如此掐头去尾后的起诉期限才能计算加处罚款数额。具体而言，行政相对人收到行政处罚决定后，应在行政处罚决定中注明自收到决定之日起15日内缴纳行政罚款，或在该15日的期限内申请行政复议或提起行政诉讼；否则，自超期之日（第16日）起至起诉之日的期间，将计算加处罚款的数额。

三、关于加处罚款的减免期限问题

《行政强制法》第四十二条第一款提到："当事人采取补救措施的，可以减免加处的罚款或者滞纳金。"可见，减免加处罚款是行政机关的自由裁量权，行政相对人采取补救措施的，行政机关可以予以减免。采取补救措施通常可以理解为行政相对人主动改正违法行为，积极消除违法后果，这里主要是指行政相对人积极主动缴纳行政罚款。关于行政机关减免加处罚款的期限，时间起点应该是加处罚款决定作出以后，因为是否加处罚款也是行政机关的自由裁量权，所以要等到行政机关作出加处罚款决定之后，行政相对人才可以开始申请减免。全国人大常委会法工委《对行政处罚加处罚款能否减免问题的意见》（法工办发〔2019〕82号）明确规定："人民法院受理行政强制执行申请后，行政机关不宜减免加处的罚款。"由此可见，行政机关可以减免加处罚款的时间终点是在法院受理行政强制执行申请前。

37.行政机关的通知和答复是否可诉？

一、可诉

首先行政机关具有作出通知或者答复的义务，且该通知或者答复行为对行政法律关系的产生、变更或者消灭产生影响的，应当属于可诉的准行政决定；如果行政机关没有作出通知或者答复的法定义务，且该通知或者答复对行政法律关系的产生、变更或者消灭未产生影响的，则属于以主观表示作出的非职责行为，不属于可诉的行为，该行为一般属于信息性或者交流性活动。

二、不可诉

如果通知或者答复行为构成行政行为的中间性程序，则一般不属于可诉的行为。例如，在行政许可程序中，符合法定条件、标准的，申请人有依法取得行政许可的平等权利，行政机关不得歧视任何人。对于符合的条件和标准，不具备可诉性。

行政诉讼是行政相对人的救济途径，是相对行政处罚而设定的。行政处罚是指行政机关依法对违反行政管理秩序的公民、法人或者其他组织，以减损权益或者增加义务的方式予以惩戒的行为，所以没有减损权益或者增加义务，也就没有诉权。

38.对一项含糊不清的回答，应朝着不利于回答者的方向解释

　　快递加盟合同、快递运输合同中一些条款很模糊，容易产生歧义。不利解释原则又称疑义利益解释原则，是一条古老的合同解释原则，起源于拉丁文法律谚语："Ambigua responsio contra proferentem est accipienda."意思是对一项含糊不清的回答，应朝着不利于回答者的方向解释。这一法律谚语后来演变为："Doctrine of contra proferentem."在该原则下，合同中的模糊条款应当按照不利于条款拟定人的方式进行解释，因为条款拟定人本来可以避免使用含义模糊的条款。

　　这种利益衡量的方法也被法院用作保护条款拟定人相对方的合理期待。该原则经由英国16世纪的判例得以确认，现在已经成为各国起草合同解释的一个重要原则。

39.提升调解在纠纷化解中的积极作用

要进一步规范和提升调解的作用。

（1）为当事人提供纠纷调解路径指引。我们不能期待当事人在信息不完整的情况下自动选择最佳的纠纷调解路径，而必须以务实的态度构建合适的纠纷调解引导机制。

（2）应该加大党委、政府对调解工作的支持和监督考核。结合主体职责分工的情况，落实领导责任制，党政一把手亲自指导，协调化解重大矛盾纠纷。

（3）引入市场化机制提高纠纷协调的服务质量。对于商业调解、行业调解而言，市场化机制是促进相关调解服务走向成熟的捷径。

新时期，我们应该立足自身历史传统和现实国情，构建中国特色"调解规则"。未来，我国调解领域应当形成人民调解、行政调解、行业调解、商业调解、司法调解等和谐共存、共同繁荣的调解法律体系。希望未来能不断提升调解在纠纷解决中的功能与运用，为所有人提供一种可接近的、相对便捷、成本相对低廉的正义，调解应当与诉讼、仲裁等其他纠纷解决机制一道，共同为多元化的纠纷解决法律体系贡献力量。

40.行政处罚种类浅析

按照行政处罚理论，行政处罚分为：申诫罚、财产罚、资格罚、行为罚和人身罚。结合《行政处罚法》第九条处罚种类的规范，区分如下：

（1）申诫罚：警告、通报批评。

（2）财产罚：罚款、没收违法所得、没收非法财物。

（3）资格罚：暂扣许可证件、降低资质等级、吊销许可证件。

（4）行为罚：限制开展生产经营活动、责令停产停业、责令关闭、限制从业。

（5）人身罚：行政拘留。

需要指出的是，"警告"不是行政处罚的专有名词，行政处罚的警告是一种书面形式的谴责和告诫，适用于情节轻微或者未构成实际危害结果的违法行为，并向当事人下达"行政处罚文书"。"口头警告"不同于行政处罚意义上的"警告"，日常执法人员对违法轻微进行的"口头警告"属于教育劝导范畴，具有劝导、训诫、教育的目的。虽然"口头警告"不是行政处罚，但也应当以口头形式告知相对人违法行为的基本事实、依据，并纠正违法行为。

实务篇

41.快递员之间借车辆产生侵权的法律责任

现阶段部分快递公司不配发车辆,快递员自带车辆收寄快递。由于车辆大小不同,为了解决快件的多样性,快递员之间经常互借车辆,车主和使用人应该如何承担责任,我觉得在快递业是一个共同关心问题,所以公开答复,也希望更多快递"小哥"借鉴。

快递员车辆的出借是互相方便工作的善举,是社会主义核心价值观"和谐""友善"的具体体现,是应该鼓励和提倡的范围。出借车辆发生交通事故,责任如何承担?这是一个谁都不愿意又不得不面对的实际问题。

《民法典》第一千二百零九条规定:"因租赁、借用等情形机动车所有人、管理人与使用人不是同一人时,发生交通事故造成损害,属于该机动车一方责任的,由机动车使用人承担赔偿责任;机动车所有人、管理人对损害的发生有过错的,承担相应的赔偿责任。"

《民法典》第一千二百一十三条规定:"机动车发生交通事故造成损害,属于该机动车一方责任的,先由承保机动车强制保险的保险人在强制保险责任限额范围内予以赔偿;不足部分,由承保机动车商业保险的保险人按照保险合同的约定予以赔偿;仍然不足或者没有投保机动车商业保险的,由侵权人赔偿。"

需要把握以下几点:

(1)如果车辆本身存在缺陷,车辆所有人有提醒和告知的义务;没尽到提醒和告知义务,由缺陷本身造成的事故,所有人有赔偿责任。

(2)如果车辆所有权人未购买交强险发生交通事故造成损害,所有权人应当承担交强险责任限额范围内的赔偿。

(3)车辆所有权人要了解出借人是否有合法驾照,车型是否符合,要尽到所有权人的管理职责。

(4)要合理审查借车人能不能正常驾驶,有判断其是否喝酒、吸毒的义务,没尽到义务的承担相应责任。

以上四点虽不够全面，但可以提醒快递员借车时的主要注意事项。

本文仅从《民法典》的侵权责任角度进行提醒。互相帮助、互相关爱是快递"小哥"的文化内涵，遇事多协商，共同去面对，团结就是力量。

42.快递驿站房屋在租赁期内遇上卖房怎么办?

> 必须记住我们学习的时间是有限的。时间有限,不只由于人生短促,更由于人的纷繁。我们应该力求把我们所有的时间用去做最有益的事。
>
> ——斯宾塞

2022年,中国快递业务量完成1 105.8亿件,快递已经成为人们日常生活不可缺的要素。国务院办公厅《关于全面推进城镇老旧小区改造工作的指导意见》明确指出,应加强智能快件箱、智能信包箱和邮政快递末端综合服务站建设。快递驿站、快递综合服务站、终端智能快件箱等发挥着不可或缺的角色。然而,快递驿站等经常遇到房屋租赁期卖房的实际问题,房屋租赁人如何维护自身权益?

《民法典》第七百二十五条规定:"【所有权变动不破租赁】租赁物在承租人按照租赁合同占有期限内发生所有权变动的,不影响租赁合同的效力。"在房屋所有权转让后,出租人与承租人的租赁合同适用买受人。买受人继承了出租人和承租人之间的房屋租赁合同中出租人的权利和义务。换言之,承租人无须与买受人重新签署新的租赁合同。这需要从三方面进行把握:

(1)租赁合同合法有效;

(2)所有权变动合法有效;

(3)租赁合同先于所有权变动行为。

如何理解房屋租赁合同的效力?买受人取得原出租人在租赁合同中的法律地位,买受人无须与承租人重新签订房屋租赁合同。根据房屋买卖合同,买受人即与承租人产生新的房屋租赁合同关系。买受人当然地享有出租人的权利,如租赁请求权、合同解除权、押金请求权、返还房屋请求权;同时,承担相应义务,如维修房屋、保证房屋正常使用等。

驿站承租人如何主张权利?在房屋已出租的情况下,出租人出售的房屋权能有限制性,买受人对房屋的使用权和收益权受到租赁合同的限制不能立即行使。所以出租人在与买受人签订该房屋买卖合同时,应履行如实告知义务,即告知交易的房屋是否有租赁合同的负担以及承租人是否放弃优先购买权等。法律规定了买卖不阻断租赁原则，驿站承租人有权向买受人主张租赁权，以此对抗所有权。

买受人的权利如何得到保护？出租人在签订房屋买卖合同时未如实告知租赁合同，善意的买受人可以要求出租人承担瑕疵担保责任，还可以要求出租人承担违约责任或行使单方解除权解除合同。出租人占有预付的租金，属于不当得利，应当转交给买受人。

租金的应当如何分配？已经预付了租金，驿站承租人无权向出租人要求返还租金，但承租人没有再次交纳租金的义务，买受人向出租人请求给付租金时，承租人享有抗辩权。如果出租人拒绝转交预付的租金，买受人可以根据房屋买卖合同和房屋租赁合同向出租人要求返还预付的租金。收取租金是租赁合同中出租人的权利，租金是法律性质上房屋产生的孳息，买受人可以行使所有权的物上请求权，要求出租人返还其收取的预付租金，所以原出租人应将预付租金转交给买受人。

43.快件丢失的司法救济

——以《精英律师》剧中的快递丢失为例

《精英律师》是一部律政题材的优秀电视剧，无论从艺术性还是专业性角度看，都是近年来值得称道的。称其"优秀"源于其适应新时代的发展，源于对法律重要性的认识，源于展示大众关心的问题，是当今值得推崇的普法有效手段。艺术源于生活，这部电视剧已经接近于生活。电视剧中不同角色对同一事物的认识也有很大偏差，客观上也要求在理论和解决冲突的司法实践中对现实问题的切实关注和研究。

本文将通过解读《精英律师》快递丢失案的全过程，剖析解决快递纠纷的流程，展示高速增长的快递业存在的问题，特别是快递丢失的法律责任及我国邮政业法律体系的规制。

一、快递丢失案的全程解读

快递公司与客户之间的冲突属于民事纠纷，而电视剧也较完整地向我们展示了民事纠纷各方的法律关系：客户—快递公司—证人—法院判决—律师。

《精英律师》第27集，当事人金梓涵邮寄的裘皮大衣被快递员弄丢，价值44 600元，提供了购买时的发票，法院一审判决，赔偿45元。判决依据是：邮递时未保价，邮递费15元，所以按照所收寄费用的3倍赔偿。快递小哥丢失了裘皮大衣后就写了一个欠据，承认自己丢失了裘皮大衣；但是在法庭上他开始翻供，说这个欠据是金梓涵逼迫他写的，而且他在取件时候并没有打开包裹，所以不能确定里面到底是不是裘皮大衣。

罗律师：这个案件的重点不在快递小哥，他是职务行为，不管他有没有写欠据，法院都不会判他赔偿裘皮大衣；即便就是他丢的，也不会。一审就是这么判的。所以你（戴曦助理）要找到他（快递员），请他配合。

戴曦助理：我觉得很难。他肯定怕他承认了，到时候人家让他赔。但是现在问题的重点是：他是唯一一个可以证明裘皮大衣的人，因为是他去取的件。

罗律师：那客户是通过什么方式下的单呢？

戴曦助理：微信。金梓涵下单的时候确实说了，是裘皮大衣。当时快递小哥还建议她保价，然而她并没有。

罗律师：那就好，那你就让客户陪你去一趟快递公司，如果能和解最好；如果和解不了，就把证据想办法固定下来。

戴曦助理：不用客户陪我去，我自己去就可以解决。

罗律师：不，一定让客户陪你去。

戴曦助理：为什么？

罗律师：因为如果官司万一输了，客户会认为你跟快递公司串通。

戴曦助理：不会，我替她打官司呢！她还怀疑我？

罗律师：客户并不总是相信代理人。

腾安快递公司。

快递员：我说了，我没验过货，我也不知道里面是什么东西。

戴曦助理：你就跟我说，你什么时候发现包裹丢了的，行吗？

快递员：我那天取完件之后，就去边上的另一家取快递。我就把这个包裹放在台阶上了。我走的时候忘拿了，回去找的时候这包裹就不见了。这法院判决书上也说了，我不承担责任。我就是一个快递员。您说里面是一个裘皮大衣值好几万，你就是把我卖了我也赔不起呀！

戴曦助理：你别紧张啊！我过来就是和您了解一下情况。再说了，人家告的也不是您啊，是公司。

快递员：那公司让我赔怎么办？你赔呀？

快递公司：单子上有提示，凡是单子上超过500元的，都建议保价。你看，这是她自己没有保价。

戴曦助理：您看啊，我们都知道这一条呢，只是建议性条款，快递公司不能因为这一条款就免除了对丢失快递的赔偿责任。

快递公司：其实，我们是严重怀疑快递员和客户之间恶意串通。客户要寄个包裹，说是裘皮大衣，快递员上门取货，然后就把东西给整丢了，既没有验货，也没有保价。然后他们说多少钱，我们就得赔多少钱，您觉得这样合理吗？

戴曦助理：但是你们的单子上，已经写得很清楚了，的确是裘皮大衣，而且客户她也提供了这件大衣的原始发票。

快递公司：您就别白费口舌了，咱们还是法院见吧！法院判多少钱，我们就赔您多少钱。不过，根据《邮政法》，这一审我们最多赔付您邮资的3倍，这邮资呢是15元，所以我们最多赔付45元。

原告律所合议。

快递公司没有和解意愿。

戴曦助理：但是快递公司并不是邮政企业，邮政企业指的是为社会提供邮政服务的公用企业。而快递公司呢，它是暂属于我国邮政管理部门代管的民营企业。

其他律师甲：我同意戴曦说的，快递公司的邮件属于快件，所以这个案子的赔偿依据应适用于民事法律规定。

二、快件丢失的一般救济途径

快递服务矛盾主要集中在丢失、延误、投递服务、损毁上。近年来，由于快递基础设施的逐步完备，快递员素质逐渐提高，总体服务质量已经能够让百姓接受，产生纠纷的比例逐年下降，但由于总量大，一些案例还是成为群众的关注热点。解决这些问题的一般救济途径有以下几种：

（一）和解

我国目前已成为世界第一快递大国。2022年，我国快递业务量完成1 105.8亿件，同比增长2.1%，业务量连续9年位居世界第一。由于业务量的激增，各种冲突也在增多。司法实践中，各种判例也不尽相同，主要集中在快件丢失、快件损毁、快件延误方面。矛盾解决的主要方式是双方和解。由于司法成本和举证难，当事人之间为了达到统一目的，出于对争议问题的解决，双方多采取妥协的方式。和解是当事人在互相谅解的基础上，对曾经产生的争议进行协商，不经过法律而自行解决的一种方法。其法律概念为"民事诉讼当事人约定互相让步或者一方让步以解决双方的争执活动"。《精英律师》中律师戴曦助理找快递公司希望寻求解决方法的谈话属于和解，是申请二审后的和解——诉讼的和解。

民间自古以来就有互让避讼的传统，有"冤家宜解不宜结"的说法，也有"六尺巷"的故事。党在建设和发展过程中，也将"和解"作为工作原则。由此可知，《精英律师》电视剧中的和解是民事法律行为，也是在潜意识中民族优良传统的熏染下逐步形成的自发性行为。

（二）调解

站在法律的角度，调解是当事人各方在争议的过程冲突，就其权利和义务，在快递申诉中心等的组织下有意识地进行协商的过程，通过释法等教育疏导，令双方达成一定协议，自行解决。2022年快递申诉率全年平均为百万分之一，可见快递服务的升级矛盾并不突出；但是由于总量大、涉及面广，每年申诉的绝对数还很惊人，日常感觉也很多。

这些调解是在和解无法达成一致的前提下进行的，是处理随着快递业发展而演化而来的快递纠纷的有效举措。现阶段主要是行政调解，省（自治区、直辖市）、市级邮政管理部门都设立申诉中心（俗称12305）。2022年，辽宁省申诉中心受理了3万件申诉，99%调解成功，疏导了矛盾，节省了司法资源。

调解中工作人员首先要认真地依法行政，从法律流程上必须是无可厚非的。由于快递价格的平均值并不高，许多人是抱着"不蒸馒头争口气"的态度。客观上，这样的调解也要求工作人员的调解方式具有温度，从情理上让人们真正理解其中的深意。

（三）诉讼

诉讼是指纠纷当事人通过向具有管辖权的法院起诉另一方的形式来解决纠纷。站在法律的角度，诉讼主要指在我国专门的机构下，参与人员进行诉讼的过程中，依照法律制定的程序和权限，对案件展开的一系列活动。

由于我们国家的司法制度规定诉讼"二审终审制"，所以法院的一审结果相当重要。这个案件中，一审判快递公司赔偿邮费3倍——45元，没有起到平息矛盾、解决问题的作用，上诉就成了必然选择。上诉至此，已经到了打官司环节的最后一个环节了。双方的举证成为关键。正如罗律师所说：能和解就和解，不能和解就把证据固定下来。从剧情上看，律师助理戴曦通过辛苦取证，最后也没有把证据固定下来。

这个事件感觉没有赢家，都很委屈。而这或许就是当前中国社会法治进程中最需要我们去思考、去探索的问题吧！如今我们最迫切的任务就是如何让更多人去接受一些明确的概念，破除传统思维的藩篱，利用现有的邮政业法律和法规，解决快递业的突出问题。

三、邮政业的法律和法规

随着我国快递业大繁荣、大扩张，快递业也面临着提质增效、转型升级、创新发展等多重任务，仅依靠《邮政法》和部分地方性法规、规章已难以有效促进、保障和规范快递业的持续健康发展，制定快递单行法规势在必行。在此背景下，《快递暂行条例》应运而生。

目前，我国已形成以《邮政法》为基础，以《快递暂行条例》为行政法规，《邮政行业安全监督管理办法》《快递业务经营许可管理办法》《快递市场管理办法》等多部规章、地方性法规、规范性文件、国家标准、行业标准为补充的庞大快递业法律规范体系。《国务院关于促进快递业发展的若干意见》《国务院办公厅关于推进电子商务与快递物流协同发展的意见》等文件政策，也对快递业发展起到重要作用。

在为快递业提供法律促进保障的同时，快递业法律和法规注重与其他法律的衔接协调，注重社会发展的整体性、综合性和协作性。如《快递暂行条例》与《反恐怖主义法》相配合，结合交通运输部《快递业务经营许可管理办法》《邮件快件实名收寄管理办法》等文件完善细化实名收寄、过机安检和收寄验视三项制度。

法治是因社会文明进步而凝结成的生活规范，对国家治理意义重大，对行业发展亦是如此。新行业、新业态需要新思维、新模式、新办法，快递业法治建设，即坚持问题导向，着力解决社会生活中纷繁复杂的问题，比如说快递产品体系科学合理、内涵丰富，适应市场要求，达到用户满意；组织运营体系高效便捷、精细化，与当地的经济相适应；寄递服务质量稳定，保证时限，解决安全和绿色发展问题；监管体系调控有力、高效，宏观调控有度，微观主体有活力。尊重立法规律，讲法理、讲体系，修订邮政法律和法规，即坚持问题导向，着力解决社会生活中纷繁复杂的问题，通过行政和司法来解决用户在互联网环境下日益增长的维权意识和邮政快递业发展模式固化之间的矛盾。

四、需要明确的几个问题

电视剧《精英律师》中裘皮大衣快件丢失中主要涉及以下几个问题：

（一）邮政企业和快递

邮政企业是指中国邮政集团公司及其提供邮政服务的全资企业、控股企业。快递是指在承诺的时限内快速完成的寄递活动，可以是国企，也可以是民企，是邮政市场行为。《邮政法》第四条规定："邮政管理部门负责对邮政普遍服务和邮政市场实施监督管理。"邮政管理部门负责对邮政普遍服务和邮政市场实施监督管理权力是法定权力。

（二）三倍邮资赔偿

根据《邮政法》第四十七条：

邮政企业对给据邮件的损失依照下列规定赔偿：

（一）保价的给据邮件丢失或者全部损毁的，按照保价额赔偿；部分损毁或者内件短少的，按照保价额与邮件全部价值的比例对邮件的实际损失予以赔偿。

（二）未保价的给据邮件丢失、损毁或者内件短少的，按照实际损失赔偿，但最高赔偿额不超过所收取资费的三倍；挂号信件丢失、损毁的，按照所收取资费的三倍予以赔偿。

而描述快递的损失赔偿的第五十九条并没明确第四十七条适用于快件的损失赔偿。电视剧中一审三倍资费的赔偿属于适用法律错误。

（三）快递员验视

《邮政法》第二十五条、五十九条、七十五条都对验视制度有明确规定。《快递暂行条例》《反恐怖主义法》也对验视制度有明确要求。实名寄递、开箱验视、过机安检三项制度是保障快递安全的强制性要求，快递员日常收件时必须履行，更不能像电视剧中那样作为免责理由。

（四）下单方式和购物发票

传统需要填写快递单，快递单后边有格式合同。现实中正像电视剧描述一样，很多人微信等方式下单，电子面单使用率已经达到90%以上。如果要求客户登录快递公司网站阅读服务合同，那么可操作性差是显而易见的。电视剧中特意强调发件人手中有裘皮大衣购买时的发票，司法实践中购物发票和快递物品的关联性也需要完整。电视剧中罗律师要求戴曦助理："如果能和解最好；如果和解不了，就把证据想办法固定下来。"这是很实用的，但固定证据又何谈容易。没有两个完全相同的案例，具体行为方式在具体实践中要具体分析，适用民法。有规则按规则，没规则按原则。

《精英律师》这部电视剧我很欣赏，是普法的有效手段。

44. 快递公司涉及的不可抗力和情势变更

在新冠肺炎疫情①期间，我国个别城区和居民小区采取封闭或部分限制，快递车辆、快递分拨点被迫关停，运输车辆难以进入，电商的快件难以准时、按名址投递，疫情之前签署的低价快递投递合同难以履约，合同双方派生新的权益损害，肯定会产生许多次生纠纷。疫情形势下，快递公司一些合同不能顺利履行，一些当事人大抵以"不可抗力"或"情势变更"进行减损抗辩维权。

快递公司应如何理解不可抗力和情势变更？笔者认为：

一、不可抗力

《民法典》第一百八十条规定："因不可抗力不能履行民事义务的，不承担民事责任。法律另有规定的，依照其规定。不可抗力是不能预见、不能避免并不能克服的客观情况。"

《民法典》第五百九十条规定："当事人一方因不可抗力不能履行合同的，根据不可抗力的影响，部分或者全部免除责任，但是法律另有规定的除外。因不可抗力不能履行合同的，应当及时通知对方，以减轻可能给对方造成的损失，并应当在合理期限内提供证明。当事人迟延履行后发生不可抗力的，不免除其违约责任。"

不可抗力是法定的免责事由之一，无论合同中是否有该条款，因不可抗力造成不能履行合同的，可以部分或者全部免除责任。如果不可抗力致使不能实现合同目的，当事人可以行使法定合同解除权，解除合同。

二、情势变更

情势变更的主要法律依据是《民法典》第五百三十三条："合同成立后，合

---

① 2022年12月26日，国家卫生健康委员会发布公告，将新型冠状病毒肺炎更名为新型冠状病毒感染。经国务院批准，自2023年1月8日起，解除对新型冠状病毒感染采取的《中华人民共和国传染病防治法》规定的甲类传染病预防、控制措施；新型冠状病毒感染不再纳入《中华人民共和国国境卫生检疫法》规定的检疫传染病管理。2023年5月5日，世界卫生组织宣布，新冠肺炎疫情不再构成"国际关注的突发公共卫生事件"。

同的基础条件发生了当事人在订立合同时无法预见的、不属于商业风险的重大变化，继续履行合同对于当事人一方明显不公平的，受不利影响的当事人可以与对方重新协商；在合理期限内协商不成的，当事人可以请求人民法院或者仲裁机构变更或者解除合同。人民法院或者仲裁机构应当结合案件的实际情况，根据公平原则变更或者解除合同。"

从以上定义中，我们可以这样理解：

（1）快递运输合同如果是疫情发生前订立的，由于履行不能，可以依据不可抗力解除合同，但应该及时通知对方，减少损失。

（2）小区内不让进入的，要及时采取措施告知收件人，协商快件领取方式，做好解释，同时相关情况及时上报主管部门备案，减少纠纷。

（3）小区内租赁的末端投递点，由于小区封闭，租赁目的难以实现，可以向出租方提出解除合同或减免，但要互相体谅，国家也是鼓励减租，不是强迫性行为。

快递公司在遇到特殊情况时，要主动和对方沟通，共克时艰，减少损失，利用好不可抗力和情势变更条款维护自身权益。

45.清理整治快递末端违规收费的法律思考①

快递业是现代服务业的重要组成部分，是推动流通方式转型、促进消费升级的现代化先导性产业，凭借低成本、广覆盖、大规模三大优势，在降低流通成本、支撑电子商务、服务生产生活等方面发挥了积极作用。快递业的迅速增长和行业规范，是以法治为框架、由法治来贯彻、用法治作保障的。曾几何时，快递末端"违规收费"问题引起社会关注，对清理整治也有不同声音。笔者以行政法律规制为视角，来论述行政机关维护人民权利和社会公共利益之必要。

一、快递末端取件违规收费行为概述

2019年8月14日，中央电视台新闻频道《新闻1+1》栏目以《乡镇快递，就差最后一公里?》为题，报道了四川省保护消费者权益委员会约谈申通、中通等4家快递公司，要求停止乡镇快递取件二次收费的价外收费违法行为。根据四川省保护消费者权益委员会发布的《四川省乡镇快递取件二次收费社会监督调查报告》，3 403名受访者中超过四成表示曾经被违规收费，且有93.8%的受访者表示，网购商品时并没有收到商家告知，取件需要违规收费的提示信息。

《邮政法》第八十四条对"寄递"进行了解释："寄递，是指将信件、包裹、印刷品等物品按照封装上的名址寄递给特定个人或者单位的活动，包括收寄、分拣、运输投递等环节。"按约定名址投递是寄递的必然属性。所谓快递末端取件"违规收费"，指在寄件人已经支付快递费用的前提下，负责投递的快递末端网点强迫要求收件人额外支付不合理费用，否则不予投递快件的行为。这类情况一般发生在偏远地区或乡镇农村，有的是在投递环节以超出派送范围为由，强行加收快件投递费；有的是在收件人自取快件时，向收件人额外收取保管费；还有的是未经收件人同意，将快件放置在便利店等代收网点，代收点强制向收件人收取管理费等。虽然外在表象不同，但在本质上，违规收费都是快递公司特别是乡镇末端网点将经营压力违规转嫁给消费者的一种失信违法行为。

---

① 引自汤双和和贾柱保的论文《清理整治快递末端违规收费的法律思考》，收录在2021年辽宁省法学会宪法行政法学研究会论文集中。

按照《快递暂行条例》《快递市场管理办法》等法规、规章规定，快递公司二次收费是被明确禁止的行为。国家邮政局自2019年4月起，开始部署快递末端服务违规收费清理整顿工作，自8月1日起，又开展了全国范围内的专项集中清理整顿。截至2019年8月29日，全国邮政管理系统针对违规收费已经实施行政处罚273起，形成了一定的震慑作用，违规收费现象得到初步遏制，但在一些地区依然存在。行政管理部门不及时介入，或打击不坚决，也可能死灰复燃。

二、快递末端取件违规收费行为的社会危害性

（一）影响社会秩序

《宪法》第十五条规定："国家依法禁止任何组织或个人扰乱社会经济秩序。"部分快递末端网点以成本增加等为由，收费办法花样翻新，这是一种"劣币驱逐良币"的服务倒退现象。随着羊群效应和破窗效应的影响，越来越多末端网点将违规收费作为转嫁成本的手段，对快递市场秩序造成了较为严重的干扰和恶劣影响。

（二）增加用户负担

根据四川省保护消费者权益委员会发布的报告，违规收费标准普遍为1至5元，大件快递则达到8元甚至10元。部分受访用户表示，因取件违规收费每年增加的额外支出达到数百至上千元，甚至出现过取件费用接近或超过商品价值的情况。对于必须支付二次费用才能取到快件的消费者而言，这无疑在经济上增加了一定的负担。部分快递员在未经收件人许可的情况下，擅自将快件放置在代收点、智能柜等处，而不是提供"门到门"的按名址投递服务，使得消费者在额外支付费用之余，也没有享受到发件时允诺应有的服务。

（三）影响诚信社会建设

诚实守信在民法和行政法上都是非常重要的基本原则。《民法典》第七条规定："民事主体从事民事活动，应当遵循诚信原则，秉持诚实，恪守承诺。"《快递市场管理办法》第四条也规定经营快递业务的企业应当依法经营，诚实守信。快递公司与寄件人之间构成的是一种合同关系，寄件人向快递公司支付的寄件费用已经包括了寄递全程各个环节的成本，快递公司则承诺以约定的方式将快件投递至收件人。末端网点以胁迫方式变相收取派件费、保管费等费用，对整个快递业乃至社会诚信体系建设都造成了损害和负面影响。

（四）影响公平和正义

公平正义自古以来是人类追求的普遍价值，它强调的是各种义务由社会成员合理承担。从广义层面说，违规收费问题正是当前收入分配不公正的表现之一。快递公司低价竞争、低质服务不可持续，通过违法手段将本应自己承担的成本和风险转嫁给消费者，部分末端网点经营者甚至以要挟手段来牟取利益，严重影响了社会公平和正义，与社会主义核心价值观背道而驰。

三、行政机关主动作为的必要性

加强政府自身建设，增强施政能力和提高服务水平，重任千钧唯担当……快递末端服务关系千家万户、百姓生活，把万家忧乐放心上，建设人民满意的法治政府、服务型政府，是促进快递业走向成熟的需要，也是建设和谐社会的现实需要。

快递业作为新兴行业，在发展过程中一定会遇到这样和那样的问题，如不加以规制就可能走向良好初心的反面，如校园贷等。近年来，我国与寄递行业相适应的法律和法规体系已经建立，有效促进了快递业的发展，对电子商务和快递业发展起到了宣示指引、利益调控、促进发展和强制保障等多方面的作用。

国家邮政局对快递末端违规收费进行清理整顿是为了维护人民合法权益和社会公共利益，是化解社会矛盾、改善政府形象的重要举措，也是邮政管理部门的法定义务，对国家的法治建设起到积极作用。

四、对不法行为的法律调整

从民事关系上来说，收件人作为快递合同中的第三方，权利难以得到有效的保障。由于收件人事实上并没有与快递公司建立合同关系，对于末端网点取件违规收费这一经济胁迫性行为，只能向寄件人主张权利，再由寄件人依据快递服务合同向快递公司提出维权要求。从中不难发现，收件人不能直接向快递公司主张维权，势必造成救济时间长、维权成本高的问题。因此，民事法律对于快递末端取件违规收费行为难以起到有效的调整作用。《行政处罚法》第一条就明确指出"行政机关有效实施行政管理，维护公共利益和社会秩序，保护公民、法人或者其他组织的合法权益"，这在客观上也要求行政机关要主动作为，纠正违法行为。快递末端违规收费行为不但违反快递服务合同，也违反快递服务标准，认定为违反行业法律和法规的违法行为，加以惩罚有时也是最好的驱动，通过行政手段予以惩处，使得快递公司尤其是末端网点违法成本大幅提高，进而从根源上消除违规收费的违法行为，则更有利于保障消费者特别是收件人的权益。

(一)《民法典》"总则"规定

《民法典》第一百五十条规定:"一方或者第三人以胁迫手段,使对方在违背真实意思的情况下实施的民事法律行为,受胁迫方有权请求人民法院或者仲裁机构予以撤销。"快递末端网点以拒绝投递或退回快件为理由,强制向收件人收取二次费用,虽然不多,但已经可以认定为具有胁迫手段,而收件人交付的取件费用,不是也不可能是出于本身的真实意思表示。但由于本条所规定的维权方式需要向人民法院或者仲裁机构提起,单次收费金额低,导致在实践中极少有消费者以这一规定维护自身权益,而是被迫"接受"违规收费这一既不合法又不合理的要求,究其原因,维权成本远远高于屈从成本。因此,单纯通过《民法典》之规定,难以对违法行为实现有效的调整。

(二)《民法典》"合同编"规定

快递合同作为比较典型的一种涉他合同,从现行《民法典》来看,似乎并没有得到明确的承认。虽然《民法典》"合同编"第五百二十二条规定,当事人约定由债务人向第三人履行债务的,债务人未向第三人履行债务或者履行债务不符合约定,应当向债权人承担违约责任,但关于能否以此判定快递第三人可以直接主张债务人的违约责任,学界目前尚存在一定争议。而《民法典》第一百四十六条规定:"行为人与相对人以虚假的意思表示实施的民事法律行为无效。"

以虚假的意思表示隐藏的民事法律行为的效力,依照有关法律规定处理。快递合同显然没有虚假意思表示,多数情况下寄件人在寄件时也显然未受到快递公司的胁迫。因此,在现行《民法典》的框架下,收件人权利仍然难以得到有效维护。

(三)《邮政法》之规定

《邮政法》并未对取件违规收费这一违法行为作出明确规定,第七十四条关于价格违法的规定,应理解为寄件人与快递公司成立快递合同时的收费不透明、价格标准不统一等情况,取件违规收费行为不能直接适用《邮政法》进行调整。而依据《邮政法》所制定的《快递市场管理办法》,规定了经营快递业务的企业违反快递服务标准、严重损害用户利益的,由邮政管理部门责令改正,处五千元以上三万元以下的罚款;《快递服务》国家标准也明确规定了快递服务组织应对快件提供至少两次免费投递,故行业主管部门可以据此对快递公司的违法行为予以查处。

(四)快递暂行条例之规定

《快递暂行条例》第四十一条规定:"两个以上经营快递业务的企业使用统一

的商标、字号或者快递运单经营快递业务，未遵守共同的服务约定，在服务质量、安全保障、业务流程等方面未实行统一管理，或者未向用户提供统一的快件跟踪查询和投诉处理服务的，由邮政管理部门责令改正，处1万元以上5万元以下的罚款；情节严重的，处5万元以上10万元以下的罚款，并可以责令停业整顿。"

末端快递网点的违规收费行为明显属于没有遵守快递合同当中形成的服务约定，在业务流程方面没有遵循统一管理，行业主管部门据此同样可以对违法行为进行惩治。《快递市场管理办法》第四十条规定："经营快递业务的企业违反快递服务标准，严重损害用户利益，由邮政管理部门责令改正，处五千元以上三万元以下的罚款。"从当前的实际情况来看，两项条款是各地邮政管理部门对纠正违法行为的主要依据。

在运用行政法规对违规收费违法行为进行调整的过程中，执法部门特别是邮政管理部门还应当注意避免两种倾向：

一是认识上的错误。将末端违规二次收费问题看作"市场行为"，认为应当由市场自发调解，或将其看作价格违法，认为应当由市场监督管理部门实施处罚，这都是没有把握住问题的本质。

二是能力本领恐慌。由于部分执法人员自身业务素质不高，对执法手段特别是新的法律和法规立法本意和条文理解不够深入，不会使用新办法解决新问题。这要求执法部门和执法人员一方面要加强自身业务素养学习，准确把握行业发展中出现的各类问题的性质，并能够准确运用行业法律和法规对问题进行定性；另一方面要强化执法案件办理，提升一线执法人员的执法能力。

五、结束语

快递末端取件违规收费行为是随着快递业发展和快递下乡的推进所产生的一种问题，既需要靠行业发展来解决，也需要行业主管部门通过行政手段来进行纠正。通过行政法律和法规对不法行为的规范和调整，快递这一新兴行业的服务得到进一步规范，消费者也能享受到更加稳定、便利的快递服务。对违规收费违法行为的纠正，要从末端传导到前端，从企业总部层面纠正随意下调派件费、以罚代管、低价恶性竞争等行为，与寄件人特别是电商客户合作过程中明确告知投递服务深度，而不是超越实际服务能力承诺派送范围。最终，通过整治违法行为，倒逼快递公司通过调整政策、增加投入、合作共赢等方式，将恶性价格竞争转向服务质量竞争，为消费者提供优质服务，最终实现行业高质量发展。快递业发展离不开法治保障，建设公平正义、诚信社会环境，行政法应该主动作为，依法行政，实现良法善治。

46.快递业建立失信告警系统的思考

本文以快递市场的发展作为背景，快递业申诉情况为依据，结合几个典型事件说明失信告警系统建立的必要性；以现行的失信惩戒法律和法规为基础，提出系统建立的办法和惩戒措施。企业失信惩戒措施由于研究得较多，本文暂不涉及。

一、快递市场的发展及申诉状况

（1）从国家邮政局发布的统计数据看，2022年，全国快递业务量达到1 100亿件，比上年增长2.1%，是2018年的2.1倍；全国快递公司日均处理量30亿件，最高处理量达到40亿件；全年快递业务收入是2018年的1.7倍，为我国电子商务发展、人民生活水平提高、服务地方经济和稳定社会就业作出了巨大贡献。

（2）目前邮政业消费者可以通过国家局网站、省局网站、微信公众号（YZ12305）、12305申诉电话、局长信箱、公众留言、民心网等多个渠道进行申诉，极大地方便了广大消费者。申诉热点主要集中在以下方面：

一是消费者集中反映企业在末端投递环节未经收件人本人许可的情况下将其快件放到菜鸟驿站等代收点。

二是关于保价快件，消费者因不理解《快递暂行条例》第二十七条提到的保价规则，且企业未与消费者解释清楚相关附加条款，导致消费者误以为企业没有按照约定进行赔付。

三是收件人反映EMS国际邮件丢失短少，因企业未有详细解答《万国邮政公约》规定的相关查询和理赔流程（需发件人到原寄国办理查单/申请理赔），引发收件人情绪升级。

四是企业未耐心说明未保价（邮）快件的丢失短少理赔金额较低的原因，同时未做好耐心安抚工作，造成消费者不满意。

五是消费者反映约定时效内完成投递的生鲜类产品的自然损耗问题。

随着业务量爆发式增长和行业发展中一些规范缺失，社会中个别人加以利用获利，对行业的发展带来巨大伤害。例如，营口市黄××利用快递发件地址或电话号差错，威胁快递公司进行投诉十几起，企业不厌其烦，花钱买平安又助长了其恶劣行为；抚顺市单×关于1.2元的邮票争议，屡次投诉、诉讼，严重浪费社会资源，这些行为严重干扰了企业的正常运营。

二、建立失信告警系统的必要性

建立失信告警系统是现阶段快递业稳定发展的重要因素，诚实守信的客户才能保证快递业的良性发展。

（1）失信告警系统的建立是惩戒失信行为、提升社会道德水平的需要。失信者在通过实施某种失信行为获得多余利益时，就会形成导向作用，守信者的行为就会减少。

（2）失信警告系统的建立是快递行业现实所需，也是快递行业长期稳定发展的需要。我国正处于从快递大国向快递强国迈进的阶段，正在规范行业的运行规则。好的开端是成功的一半，系统尽早建立，能降低以后规范的成本。

（3）失信告警系统的建立是快递公司的现实需求，是稳定快递员队伍、提升快递公司管理水平的需要。快递小哥工作紧、任务重，遇见部分不择手段勒索敲诈的行为，需要有切实可行的救济措施；企业对客户的分档也可以精细管理，区分对待，补救措施更加实用。

三、失信惩戒的法律规制

我国现阶段没有完整的信用立法体系。从商法方面看，《民法典》《中华人民共和国广告法》等都有所描述，然而缺乏详细的操作细则。从诚信构造上看，这些法规没有起到对市场交易的教化作用，也没有促进增强市场主体的自我约束作用。当前，我国失信被称为"老赖"的，前提条件是审判结果生效后拒不执行的人。对于快递业争议标的物低值的特点，这种方式对快递业的"诚信预警"很不适用。笔者在研究学习的过程中，感觉金融行业的征信体系建设和日本的会员制征信可以给我们提供许多经验可借鉴参考。

金融业的征信体系建设，我们日常中经常涉及，本文就不赘述。

日本的会员制征信，主要是由于日本的行业协会在日本经济中具有较大的影响力。这种模式以行业协会为主建立信用信息中心，为协会会员提供个人和企业的信用信息互换平台，通过内部信用信息共享机制实现征集和使用信用信息的目的。在会员制模式下，会员向协会信息中心义务地提供由会员自身掌握的个人或者企业的信用信息，同时协会信用信息中心也仅限于向协会会员提供信用信息查询服务。这种协会信用信息中心不以营利为目的，只收取成本费。

目前，日本的信用信息机构大体上可划分为银行体系、消费信贷体系和销售信用体系三类，分别对应银行业协会、信贷业协会和信用产业协会。这些协会的会员包括银行、信用卡公司、担保公司、其他金融机构、商业公司以及零售店等。三大行业协会的信用信息服务基本能够满足会员对个人信用信息征集考查的需求。例如，日本银行协会建立了全国银行个人信息中心。该中心的信息来源于会员银行，会员银行在与个人签订消费贷款的合同时，均要求个人义务提供真实的个人信用信息。全国银行个人信息中心负责对消费者个人或企业进行征信。同时，日本征信业还存在一些商业性的征信公司，如帝国数据银行，它拥有亚洲最大的企业资信数据库，有4 000多户上市公司和230多万户非上市企业资料。日本的消费者信用信息并不完全公开，只是在协会成员之间交换使用。对此，以前并没有明确的法律规定，但在银行授信前，会要求借款人签订关于允许将其个人信息披露给其他银行的合同。另外，日本行业协会的内部规定在信用管理活动中也发挥着非常重要的作用。

四、失信告警系统的建设

（一）失信行为的确定是前提

首先，要合法合规。系统的建设必须遵循现有的法律和法规，不能与现有的法律相矛盾。

其次，坚持"奖惩相继"。系统的建设在于弘扬正能量，打击失信行为，让守信者扬眉吐气，失信者寸步难行。

最后，发动公众参与，要向消费者、快递员、企业、协会广泛征求意见，提高系统的透明度，起到警示作用。

（二）数据的采集是关键

如何收集失信行为是系统是否能有生命力的关键。快递数据的采集系统比较成熟，具备加工、提炼功能，能够迅速整合出既客观严谨又真实有效的失信信息。对于严重危害社会公共利益的行为，系统严重警告的，行为人还要负相应的民事和刑事责任。

（三）"黑名单"人员的救济是保证

系统的建设要给所谓"失信者"以救济渠道，应当设立修正期，区分过失和主观故意。系统不但要有"牙齿"，而且要有温度，逐步提高基层人员和客户的判断力和分析力，使失信者知敬畏。

五、"失信警告"的惩戒措施

(一) 建立行业内部的黄牌制度

一是建立星级制度，对不同星级提出不同标准，如保价比例、提高对价。

二是联合第三方支付平台联合惩治。

三是在契约的内容上增加相关条款，规避失信者行为带来的风险。

(二) 用重典亮红牌

一是利用行政、司法手段对屡教不改、重大失信行为采用联合机制，参照现有的"老赖"惩治办法。

二是大量曝光失信行为，使失信的企业和个人在快递中得不到服务。

失信告警系统的建设就是要建设快递服务中的诚信价值标准，让公民在日常中守诚信、讲信用，驱动诚实守信行为发生，维护来之不易的新业态健康发展，让更多的人享受到快递业发展成果，形成诚实守信的社会氛围。

47.极端天气造成快递延误或淋湿损坏的法律责任

极端天气对于快递行业是不能避免的客观事实。快递服务从民法的合同关系上属于运输合同，当极端天气来临时，快递出现延误或损害责任应如何承担？下文以2023年夏季的暴雨为例，简单解析。

《民法典》第一百八十条规定："因不可抗力不能履行民事义务的，不承担民事责任。法律另有规定的，依照其规定。不可抗力是不能预见、不能避免且不能克服的客观情况。"

《民法典》第五百九十条规定："当事人一方因不可抗力不能履行合同的，根据不可抗力的影响，部分或者全部免除责任，但是法律另有规定的除外。因不可抗力不能履行合同的，应当及时通知对方，以减轻可能给对方造成的损失，并应当在合理期限内提供证明。当事人迟延履行后发生不可抗力的，不免除其违约责任。"

暴雨若超出人类预防能力限度，达到难以避免、不能克服的程度属于不可抗力。此时，造成快递延误或损坏的，不承担民事责任。"难以避免、不可克服"是判定的关键。

我国进入夏季后降水尤其充沛。随着科学技术的发展，天气预报的准确度也越来越高，而且暴雨来临前政府都会发布预警提醒市民注意安全，采取预防措施。因此，一般情况下，暴雨属于快递公司主观上应当能够预见又不可克服的天气情况，对于送达的时限要求属于不可抗力；淋湿浸泡快件则不符合不可抗力"不能预见"的要件。

从快递送达方面看，发生暴雨时，快递员冒雨送件，对于快递员身体健康和人身安全都存在风险；快件无论是送达收件人手，或者投递到智能快递柜，都有淋湿和毁坏危险，因此，投递延误可以部分或者全部免除责任。

从快件保护方面看，发生暴雨时，快递公司可以采取使用全封闭的运输集装箱运输货物，及时启用雨衣等应急设备包扎货物，以避免淋湿，因而暴雨也非快递公司"不能克服"的事件。因暴雨天气不符合不可抗力的全部构成要件，暴雨导致快递被水泡，快递公司以不可抗力主张免责一般不会得到支持，仍要承担违约责任。

48. 坐在被告席上的思考

2020 年 4 月 28 日，我作为被告机关分管领导在××人民法院出庭应诉，一起出庭应诉的还有××市邮政管理局工作人员和我当时所在单位的同事。

一、案由

王××诉行政机关（被告）不履行信息公开职责及行政复议决定。

二、基本案情

201×年×月 6 日，原告王××通过 EMS 向×市邮政管理局申请公开"××公司依法取得的'快递业务经营许可证'"政府信息。××市邮政管理局于 201×年 7 月 10 日作出×邮公开〔2019〕2 号–告"政府信息公开告知书"，内容为：王××同志，你的政府信息公开申请表收悉。本机关按以下方式提供所申请的政府信息：电子邮件/网页答复：（网址：××××××），特此告知。

上诉人不服，向省邮政管理局申请行政复议，省邮政管理局于 2019 年 10 月 8 日作出行政复议决定书，维持××市邮政管理局政府信息公开告知书。

上诉人不服，以告知书违反《政府信息公开条例》第四十条规定，认定事实不清、主要证据不足，违反法定程序；复议机关枉法复议，对违法行为予以维持；诉讼到××人民法院。

三、案件焦点

（1）分支机构名录是否属应公开的政府信息；
（2）提供网站链接是否属于已经依法向上诉人履行政府信息公开职责。

四、案情分析

（一）案件核心是信息公开

第一，×××速运有限公司是某市邮政管理局的监管对象，具有对原告的政府信息公开申请予以答复的法定职权，省邮政管理局具有作出行政复议决定的法定职责。

第二，××公司的机构名录系某市邮政管理局行政对象，属于其公开范围，将该政府信息在其网站予以公布，并告知获取的方式和途径，故作出的告知书符合相关法律规定，省邮政管理局根据《行政复议法》第二十八条作出的行政复议决定，适用法律正确，程序合法。

（二）当事人申请信息公开的目的不明确

原告申请公开"××公司依法取得的'快递业务经营许可证'"政府信息，符合《政府信息公开条例》第十三条规定，但试图利用法院压制行政从而谋求下一步解决实体纠纷并获取利益的策略在诉讼过程中有所显现。

法院判决：驳回原告王××诉讼请求。诉讼费由原告承担。

原告不服，提请上诉，××市中级法院开庭公开审理，作出终审判决，驳回上诉，维持原判。

我作为被告行政复议单位领导参加一审、二审出庭，但感慨颇多。两次法庭原告语言表达得都不是很清楚。法庭上我问他，起诉的目的是什么？什么利益受到了损害？因为我感觉会有隐情。遗憾的是，当事人都用"我不告诉你"作为回答。看着上诉人法庭上的一脸茫然，我方虽然胜诉，但我内心没有一丝喜悦，因为矛盾没有化解，问题依然存在。

首先，行政诉讼法律深入认识缺失。所谓原告资格是指公民提起诉讼的资格，即公民、法人或者其他组织就行政争议向人民法院提起行政诉讼从而成为行政诉讼原告的法律能力。一般说来，行政诉讼功能具有保护权利以及实现行政客观法律秩序两个基本要素，这也是原告资格的基本逻辑路径。

其次，在公权力救济路径下，行政诉讼原告资格与诉之利益要具有直接密切关联。诉之利益原本作为民事诉讼中的一个重要概念，是民事权益受到侵害是否需要运用民事诉讼程序予以救济的必要性问题。同样，行政诉讼的诉之利益是指原告因为其受法律保护或调整范围之内的利益受到被诉行政行为的不利影响，与行政主体发生争端而诉诸法院寻求救济的必要性。

总之，诉之利益与原告资格也可以说是一个问题的两个方面，因为有诉之利益，所以原告是适格的，只有适格的原告才有诉之利益，对原告来说，诉之利益是必须具备的法律地位。你不告诉行政机关或者审判机关诉的目的和当事人被侵害的利益，如何能达到救济效果？

法律是一门专业，不懂，可以请律师，少一分抵触，多一分友善。

49. 网购受损，谁承担责任？

网购商品和实体店一样也会产生许多纠纷，由于许多消费者直接接触快递员，把一些电商责任也归责快递公司，显然不对。哪些是快递公司的责任？根据《民法典》和行政法的有关规定，按照主观和客观方面归纳如下：

一、主观方面

快递公司要承担法律责任，主观上要求其有过错。一般来讲，过错包括故意和过失。故意是指快递公司明知会发生危害寄递合同相对人的结果而希望或放任这种结果发生，如快递公司员工监守自盗行为。过失是指快递公司因未尽合理的注意义务而未能预见危害后果并致危害后果发生，如因快递员疏忽导致快件延误、快递错送、不明原因的快递丢失、快件毁损等。如果快递公司没有故意或过失，即使造成了损失，也不承担法律责任，如公共卫生事件、不可抗力等。

二、客观方面

快递公司法律责任构成的客观要件包括：

（一）违法、违约行为

违法、违约行为是指快递公司违反法律的规定或合同的约定对快递合同相对人造成损害的作为或不作为，按《邮政法》规定包括快件丢失、快件毁损、快件延误、内件短少。

快件丢失是指快递公司的过错致使快件没有按约定投递，寄件人和收件人最终丧失了对快件的所有权。如果由于不可抗力、意外事件或寄件人、收件人自身的过错如寄件人写错地址或联系电话导致快件丢失的，快递公司的违法、违约行为不成立。探究快件丢失的原因，通常包括快递错投、快递员监守自盗、快递公司的过失。快递错投是指由于快递公司及其员工的过错，未能将快件最终投递于收件人致使快件丢失。例如，寄件人甲委托快递公司乙将某快件投递于商场女经营户李浩，但当时在商场经营也有位名叫李浩的男经营户，快递员在没有核实身份证的情况下，自以为李浩就是男士，将快件送给了男李浩，导致快件丢失；后由于男李浩未能找到，法院判决快递公司承担赔偿责任。

由于目前快递员的从业人数多，素质不齐，快递员利用职务之便窃取快件内财物的情况偶有发生，此即快递员的监守自盗。快递员由此可能构成职务侵占罪，并需向收件人承担民事赔偿责任，快递公司对民事赔偿承担连带责任。

在快件运送过程中还经常会出现不明原因的快件丢失现象。在此种情况下，快递公司主观上没有故意，但有过失，也需承担赔偿责任。

快件毁损是指在快件投递过程中，除快件的自然属性和合理损耗外，快递公司及其员工管理或运输不当导致快件价值的减少或灭失。例如，张辉网购了一套玻璃工艺品，卖家使用了较为坚固的木质盒子作为包装，并进行了层层包裹，在外包装显著位置注明了"易碎物品，敬请轻放"字样；但张辉收到该货物后，工艺品仍有破碎。此种情况下较易断定物品毁损原因是由快递公司在运输过程中的过失造成的，如暴力分拣、未尽到注意义务等，但具体责任人是谁很难断定，故快递公司要承担赔偿责任。关于快件毁损赔偿比例，灭失的，按快件丢失赔偿；部分毁损的，按灭失部分占总价值的比例赔偿。

快递的优势在于便捷迅速。按现行法律规定，除特殊原因外，同城快递最长时限为24小时，国内快递最长时限为72小时；彻底延误时限同城为3天，国内异地与港澳地区为7天，国际快递为10天。超越彻底延误时限则为快递延误。一些时效性较强的物品较易发生延误。例如，中秋节寄送月饼、河蟹等，如快递公司未能按承诺在节前送到，则会给寄件人与收件人造成较坏影响。快递延误通常按快递丢失或快递毁损的情况来处理。

内件短少是指收件人收到的快件与原始运单上的物品不一致。内件短少可按快件毁损规则进行赔偿。

（二）损害结果

损害结果是指快递公司的违法或违约行为侵犯寄件人或收件人的利益所造成的损失或伤害，是违法或违约行为已经实际造成的侵害事实。

（三）因果关系

违法行为、违约行为与损害结果之间要有因果联系，即损害结果是由违法违约行为引起的，只有具备了这一要件，快递公司才需承担法律责任；反之，快递公司便不需承担法律责任。此即行为与结果之间的因果关系。例如，寄递人孙×跨省寄递新鲜海蜇，货物73小时后到达，发现货物灭失，因为海蜇不经过特殊处理，一定时间后会化成水，就很难归为违约行为。

50.从吉林邮务局王墨林案解读民国时期的诉讼

1918年，第一次世界大战刚刚结束，我国东北地区爆发经济危机，吉林永衡官银银号的银票一路下跌，纠纷不断。笔者在邮政档案中发现了这起很早的邮政领域的刑事诉讼案。通过此案，读者能了解当时诉讼的许多情况，对于研究北洋政府时期的司法审判很有价值。

一、案件基本概况

公诉被告王墨林，原籍直隶乐亭，吉林邮务局局长，一审委托辩护人为许鹏万、樊仲甫律师。民国七年（1918年），吉林永衡官银银号发生信誉危机，银号的银票一元与现大洋一元黑市差价高达七至八吊钱之多，官方要求大洋等值兑换永衡官银银号的银票。王墨林认为有利可图，指使亲信邮寄永衡官银银号的银票，邮务局汇兑现大洋。吉林永衡官银银号知悉后，通知吉林邮务局停止汇兑，并到吉林地方检察庭报案。吉林地方审判庭以"公务图利自己"、与第三人串通"背其职务"损害国家财产利益，于1919年3月19日作出判决：判处有期徒刑三年零四个月，返还永衡官银银号现大洋二万三千四百元。

王墨林不服，提起刑事控诉（上诉），上诉辩护人为王峻严律师。上诉理由是：

（1）汇兑所得收入不是本人所得，用于邮务局日常支出，不属于"公务图利自己"；

（2）单位第三人汇兑所得也用于单位收入，不属于损害国家财产而用于利自己。

吉林高等审判庭刑事判决改判为一年零二个月。

王墨林不服，提起民事控诉（上诉），上诉辩护人为李承恩律师。上诉理由是：

（1）银号通知不予汇兑之前的数额符合规定。

（2）返还大洋数额应该以永衡官银银号的实际损失为准，不应该根据汇兑总额来确定数目。吉林高等审判庭民事判决，原判民事诉讼撤销，另行起诉。

二、结论

（1）一审中，由一名推事（法官）审理，二审中刑事和民事诉讼审理都由一名审判长、两名推事组成。

（2）审理中聘用律师是常态，可聘请一名律师，也可以聘用两名律师。到1918年，已经有不少人获得了律师资格证书，律师制度从上海会审公廨走向全国。

（3）二审时，刑事和民事诉讼分开审理。

三、当时的邮政业务

银票汇兑是邮务的主要业务，沿袭大清邮政管理职责，一等邮务局业务上还是有很大自主权。

51.寄递市场主体排他规则的反思与重构①

一、问题的提出

近年来，因公文寄递引发的纠纷日益增多，笔者以"公文""寄递"为关键词，检索中国裁判文书网、北大法宝司法案例数据库和百度聚法案例，收集整理了39起因公文寄递引起的行政诉讼案件。虽然实际发生案件数量远不止于此，笔者对以上案件进行分类，基本概括出实务中公文寄递纠纷的两种类型：一是由公文寄递送达瑕疵引起的诉讼；二是由举报非中国邮政速递物流股份有限公司（以下简称EMS）快递公司非法寄递公文引起的诉讼。公文寄递以准确、高效和安全保密为原则，邮政企业为《邮政法》明确规定的公文寄递主体，但其寄递的时效性和准确性广受诟病，不能满足步入新时代公文寄递的客观需求；非EMS快递公司能够提供更满足需求的寄递服务，却不具备合法资格。

党的十八大以来，紧紧把握社会主义市场经济的本质特征与发展规律，比过去任何时候都更加充分重视市场公平竞争，释放市场活力；与此同时，党中央高度重视、全面推进依法治国，并将其上升为我国治国理政的基本方略。新时代我国基本确立了竞争政策的基础性地位，而从依法治邮的法治角度来看，如何通过法治保障促进竞争已成为未来我国邮政业发展的实践之问和时代之问。此时，重新对公文寄递规则即《邮政法》第五十五条规定进行重新审视和思考显得尤为重要。

二、公文寄递概述

（一）概念界定

《邮政法》第五十五条规定："快递企业不得经营由邮政企业专营的信件寄递业务，不得寄递国家机关公文。"

---

① 本文荣获2020年辽宁省法学会宪法行政法学研究会征文一等奖。

从篇章体例上，本条隶属于"快递服务"一章；从内容上，本条禁止快递企业寄递公文。条文中涉及两类市场主体——邮政企业和快递企业，一种行为——公文寄递。为了分析公文寄递规则对自由竞争和公平竞争产生的影响以及公文寄递规则重构的可能性，对本条中涉及主体和行为进行界定十分必要。

邮政企业是指中国邮政集团有限公司及其提供邮政服务的全资企业、控股企业。邮政企业为中国邮政集团有限公司以及各省（自治区、直辖市）、市、县分公司，全资子公司为中国邮政速递物流股份有限公司以及各省（自治区、直辖市）、市、县分公司，也为取得快递业务经营许可的快递企业。《邮政法》第十四条规定邮政企业经营邮件寄递业务，第十五条规定邮政企业应当提供邮政普遍服务和机要通信服务。综上，邮政企业提供邮件寄递服务可以通过三个渠道：一是普遍服务渠道；二是EMS渠道；三是机要通信渠道。

快递企业是指在承诺时限内快速完成收寄、分拣、运输、投递等寄递活动的企业，包括国有快递企业、民营快递企业和外资快递企业。EMS为国有快递企业。

公文是指行政单位在公务活动中，按照特定的体式、经过一定的处理程序形成，用以联系事务、指导工作、处理问题的书面材料，是机关依法履行职责、处理公务活动的重要工具。2015年，国家邮政局《关于进一步加强国家机关公文寄递管理的通知》（国邮发〔2015〕1号）对公文寄递中公文的界定作出了进一步的规定："国家机关公文的复印件，在寄递管理上与原件具有同等地位。"也就是说，在适用《邮政法》第五十五条时，寄递公文包括复印件。

公文寄递是指邮政企业或快递企业将公文及复印件按照封装上的名址送给特定的人或者单位的活动。其中，只有邮政企业的寄递为合法行为。

通过以上分析，我们可以知晓公文寄递含涉以下内容：

一是只有邮政企业可以寄递公文及复印件。邮政企业寄递公文有三种渠道：普遍服务渠道、EMS渠道、机要通信渠道。为了维护国家安全，密级载体必须通过国家指定的专门渠道进行传递，对于此部分业务必须由国家进行统一运营，指定专门机构或企业，通过机要渠道寄递无可厚非。本文探讨的公文寄递为非密级公文寄递，下文不再赘述。

二是除了EMS以外的其他国有快递企业、民营快递企业和外资快递企业不得寄递公文及其复印件。

为何公文寄递市场只对邮政企业开放，为何同为快递企业仅有EMS具有公文寄递主体资格，以上问题的回答需要寻根溯源。

（二）制度背景

公文从它产生的那一天起，就为进行有效的社会管理和确保社会稳定、有序地发展发挥着巨大的作用。公文寄递也被从古至今的历朝历代所高度重视。我国历代均设置相关机构进行公文传递工作，进而保障自上而下、自下而上信息传递的畅通。我国公文寄递大致经历了三个阶段：

（1）周代至鸦片战争前的邮驿传递；

（2）鸦片战争至甲午战争前的海关兼办邮政和文报局传递；

（3）甲午战争后的近代邮政制度寄递。

邮政业是传统意义上的自然垄断和行政垄断行业，在世界各国邮政业均经历了从邮电一体、政企不分到邮电分离、政企分开并逐步市场化的过程。1986年《邮政法》通过之初，我国邮政业还是邮电一体化、政企合一模式，快递企业还未在我国出现。《中华人民共和国邮政法实施细则》明确规定："市、县邮电局（含邮政局，下同）是全民所有制的经营邮政业务的公用企业（以下简称邮政企业），经邮电管理局授权，管理该地区的邮政工作。""未经邮政企业委托，任何单位或者个人不得经营信函、明信片或者其他具有信件性质的物品的寄递业务，但国务院另有规定的除外。"此时的公文寄递自然由唯一的通信机构——邮政企业承担。

市、县邮电局（含邮政局，下同）是全民所有制的经营邮政业务的公用企业（以下简称邮政企业），经邮电管理局授权，管理该地区的邮政工作。

2005年7月，《邮政体制改革方案》获批，实行政企分开，重新组建国家邮政局，作为国家邮政监管机构；组建中国邮政集团公司，经营各类邮政业务。《邮政法》于2009年进行了修订，要求邮政普遍服务业务和竞争性业务分业经营，确立快递业务经营许可制度，民营快递取得邮政快递市场合法身份，但通过增加第五十五条，明确规定"快递企业不得寄递公文"。之后2012年、2015年《邮政法》两次修正，延续此规定。

（三）原因分析

中国共产党十二届三中全会通过了《中共中央关于经济体制改革的决定》，明确了我国经济体制是有计划的商品经济，民营企业的合法地位得到了巩固。1986年至2009年，《邮政法》对快递企业由实际上的"禁"到通过许可制度所明确的"放"，释放出"市场主体具有平等性"这一法治信号，但对公文寄递的主体作出了限制性规定，其背后的原因如下：

1.补贴邮政普遍服务

邮政业是国家重要的社会公用事业，为了让所有国民都能以合理的价格在领土的每一个角落获得经常、优质的基本邮政业务，《邮政法》规定，邮政企业应当按照国家规定的业务范围、服务标准和资费标准为中华人民共和国境内所有用户持续提供对信件、单件重量不超过五千克的印刷品、单件重量不超过十千克的包裹的寄递以及邮政汇兑提供邮政普遍服务。

我国地域广阔，邮政普遍服务存在低价格、高成本问题，业务收入无法支撑邮政普遍服务的可持续发展，通过一定的途径向邮政企业进行适当补偿不可或缺。我国目前采取的补贴方式主要是税收减免、财政补贴等，公文寄递由邮政企业专营也是补偿方式之一。

2.实现公文寄递目的

公文邮寄的重要原则是准确、高效、安全保密，《邮政法》规定公文寄递由邮政企业承担正是基于时代背景的考量。

一是邮政企业具有承担公文寄递的能力。

其一，承袭历史，从古代邮驿制度产生以来，公文寄递一直由政府垄断，由法律规定国有邮政企业承担公文寄递业务具有一定时空维度的合理性。

其二，邮政企业具有全国通达的网络，并一直提供公文寄递服务，服务稳定性强，有利于保障实现公文寄递的目的。

二是民营快递企业发展不充分。

改革开放初期，为了满足对外贸易发展的需要，中国通过引进国际快递服务模式，先形成了国际快递市场，后逐渐培育形成了国内快递市场。1979年，跨国快递企业（OCS、DHL、TNT、FedEx、UPS）陆续进入中国市场；1985年，中国邮政成立了经营快递业务的企业——中国速递物流服务有限公司（EMS）。1992—1993年，一批从事快递业务经营的本土快递企业应运而生。虽经过十余年的发展，但是彼时的非EMS快递企业还没有完成资本积累，处于最初的无序竞争阶段，服务标准各异，服务质量良莠不齐，从业人员素质差异大，服务操作不规范，快递物品特别是贵重物品的安全性常常不能得到保障。其高质量的服务只能覆盖珠三角、长三角和京津冀等城市圈，无法满足全国的公文寄递需求。

三、公文寄递规则存在的问题

现行公文寄递规则在一定的时空维度有存在的合理性，步入新时代，人民日益多元化的生活需要和国家公文寄递市场发展不平衡不充分之间的矛盾日益凸显，并带来如下三方面问题：

（一）自由竞争和公平竞争机制遭到破坏

中国共产党十八届三中全会通过的《中共中央关于全面深化改革若干重大问题的决定》提出，要使市场在资源配置中起决定性作用。这不仅仅表明党对市场机制的认识前进了一大步，更重要的是为市场在社会主义市场体制下应该发挥的作用给予了准确的定位。市场经济已成为资源配置的最有效形式，竞争是市场经济的灵魂，所谓的市场竞争归根结底是微观主体之间的竞争，不同企业出于各自利益需求参与竞争，进而在整体上推动国家的经济社会发展。而一些具有限制竞争内容的法律制定目的是弥补市场缺陷和不足，但客观环境变化也可能成为一种破坏市场机制，甚至损害社会公共利益和消费者权益的力量。

《邮政法》第十八条规定："邮政企业的邮政普遍服务业务与竞争性业务应当分业经营。"中国邮政速递物流股份有限公司正是承担邮政竞争性业务的公司之一，拥有经营国际快递业务和国内快递业务的许可，具有邮政企业和快递企业双重身份，并利用双重身份规避第七十五条快递企业不得寄递公文的规定，成为公文寄递市场唯一的快递企业。此外，通过普遍服务渠道寄递公文与时限性和精准性要求相悖，政府机关一般会选择通过 EMS 进行邮寄，EMS 成为公文寄递市场的垄断主体，攫取高额利润。

以辽宁省为例，2022年，邮政企业寄递公文约 1 437 万件，业务收入约为28 740 万元，公文寄递费用单件约为 20 元；同期，辽宁省单件快递价格约为10 元。

（二）邮政企业混业经营拉低公文寄递服务质量

公文寄递主要发生于不同机关（机构）之间以及机关与个人之间。随着互联网技术的突飞猛进，政府之间的公文寄递逐渐被电子公文取代，数量逐渐减少；政府机关与个人之间的公文寄递需求日益增多，如法律文书、政府信息公开答复函、工伤鉴定结果等。以上文书的有效送达呈现出与机关间公文寄递的不同特点：

（1）地址固定，一般有专门的收发室或者部门负责公文的收发工作，为公文的有效送达提供了便利；

（2）个人作为收件人，收件地址多为家庭住址，送达时间和送达地点需要双方协商，需要公文寄递服务提供者高质量服务。

邮政企业具有极强的网络通达性，能够提供覆盖全国各地的公文寄递服务，但目前普遍服务业务与竞争性业务之间的界限并未厘清，两者仍是混业经营，影响公文寄递服务质量。前文已分析，邮政企业寄递公文可以通过普遍服务渠道和EMS渠道，服务深度分别执行《邮政普遍服务》行业标准和《快递服务》国家标准。寄递分为收寄、分拣、运输和投递四个环节。为了节约成本，邮政企业的竞争性业务和普遍服务业务共用营业场所、分拣场地、运输工具和投递人员，只有少部分跨省EMS业务通过航空进行寄递。前文已分析，为了实现公文寄递的目的，机关一般会选择EMS作为寄递服务提供者，现实是两种渠道的时效性和准确性无差别，仅仅存在资费的差别。

邮政企业混业经营影响服务质量在投递环节更加明显。《邮政法》第三十二条规定："邮政企业采取按址投递、用户领取或者与用户协商的其他方式投递邮件。"《邮政普遍服务》标准规定，通过普遍服务渠道寄递的物品可以投递到收发（传达）室、其他邮件接收场所、物业服务企业等。EMS为快递企业，提供服务应符合《快递服务》国家标准，将快件投递到约定的收件地址、收件人或者收件人指定的代收人，并告知收件人或者代收人当面验收，也就是说将快件面交收件人。混同投递导致经常存在邮政企业工作人员将两类快件均投递到收发（传达）室等，收件人是否能够收到、何时能够收到公文，则取决于收发（传达）室工作人员，个人收件人有效送达的需求被彻底忽视。分业经营保障服务的普遍性和需求性的目的未能实现。

（三）瑕疵送达频繁引发诉讼

在笔者收集的案例中，通过非EMS快递企业寄递公文的27起，收件人均在后续的关联诉讼中依据《邮政法》第五十五条规定提出送达程序有瑕疵，其权利受到了损害，请求法院认定送达无效。一审、二审法院在判决中均认定送达程序存在瑕疵，但对收件人的实体权利并未造成不利影响。因举报非EMS快递企业非法寄递公文引起的诉讼有12起，举报人因非EMS快递企业私自揽收、寄送公文，违反法律的禁止性规定进行举报，因不满意举报处理结果提起诉讼。

一方面，机关在不知晓《邮政法》第五十五条情况下更倾向于选择非EMS快递企业（如顺丰）寄递公文，寄递服务的时限性、准确性和安全性保护了收件人的权益；另一方面，在申请政府信息公开案件中，《邮政法》第五十五条也成为启动司法救济程序的依据之一，因寄递方式存在瑕疵，申请人拒绝签收，并据此提起诉讼。

四、公文寄递规则重构的原则和途径

在党的十九届四中全会上，习近平总书记代表全党进一步强调："营造各种所有制主体平等使用资源要素、公开公平公正参与竞争、同等受到法律保护的市场环境。"公文寄递规则制定于邮政体制改革之初，经过多年高速发展，在邮政快递业市场化改革中重构公文寄递规则十分必要。

（一）公文寄递规则重构的原则

企业自由竞争、公平竞争属于宪法上的基本权利，除非基于维护公共利益且法律和法规另有规定。在《宪法》第十五条第一款确立市场经济体制的前提下，最大程度地保护竞争、避免对竞争的扭曲理应成为所有制度构造的共同价值取向，任何损害竞争的行为原则上都是对宪法市场经济体制规定及其理念的违反。

1.自由竞争

市场与竞争从来都是相伴相随的，自由竞争才能激发市场活力，学理和实践也反复印证了自由竞争可以有效推动经济发展的定论。而任何形式的垄断都会有一定程度或者层次的效益减损。因此，如何有效地对此类垄断进行调整，完善行业要素市场化配置体制机制，加强和改善制度供给，开放市场，自由竞争，促使经营者最大限度地考虑社会效益和公众福利，应当是重构公文寄递规则应遵循的原则。

2.公平竞争

与自由竞争激发企业的活力不同，公平竞争更多的是要实现市场的优胜劣汰，推动经济的高质量发展。习近平总书记为保障企业公平竞争指出："对看准的、确需支持的，政府可以采取一些合理的、差别化的激励政策，真正把市场机制公平竞争、优胜劣汰的作用发挥出来。"总之，应在邮政快递业深化市场化改革中，遵循公平竞争原则推行公文寄递规则重构，实现更高质量、更有效率、更可持续的发展目标。

（二）重构公文寄递的途径

1.修改《邮政法》第五十五条禁止快递企业寄递国家机关公文的规定

对企业自由竞争的保护可从人格自由等基本权利中引申出来，只有在这种自由被滥用或市场失灵时才允许法律基于公共利益而限制与自由竞争有关的基本权利。《邮政法》第四条规定，国务院邮政管理部门对全国的邮政普遍服务和邮政市场实施监督管理，应当遵循公开、公平、公正以及鼓励竞争、促进发展的原则。《反垄断法》没有明确豁免邮政行业适用竞争法的情况下，邮政快递业应毫无例外地适用竞争法则。快递企业不得经营由邮政企业专营的信件寄递业务，不得寄递国家机关公文。

基于以上事实，笔者建议删除"快递企业……不得寄递国家机关公文"的规定，将《邮政法》第五十五条修改为："快递企业不得经营由邮政企业专营的信件寄递业务。"同时将第五十一条第二款修改为："外商不得投资经营信件和公文寄递的国内快递业务。"同时将第七十二条修改为："未取得快递业务经营许可经营快递业务，或者邮政企业以外的单位或者个人经营由邮政企业专营的信件寄递业务，可以责令停业整顿直至吊销其快递业务经营许可证。

违反本法第五十一条第二款的规定，经营信件的国内快递业务的，依照前款规定处罚。"

2.细化《邮政法》第十八条有关邮政企业普遍服务业务和经营性业务分业经营的规定

为了实现邮政快递市场公平竞争，避免邮政企业因提供普遍服务而陷入不利地位，有必要对普遍服务提供者进行合理援助。但是，过度的政府援助可能会损害公平竞争，甚至导致恶性竞争。一项权威的研究表明，全球各大经济体取得的所有主要发展成就几乎都依托市场竞争和自由贸易环境。目前，我国邮政改革的难点很大程度上在于无法厘清邮政提供普遍服务的成本，从而没有办法给邮政企业提供科学、合理的补贴，也没有办法向快递企业开放普遍服务市场，更无法推动实现按照市场化原则推动建立邮政普遍服务基金。因此，笔者建议按照主体独立、业务分开、网运分离、分账核算、政策中立的原则，进一步细化《邮政法》第十八条分业经营的规定。

五、结束语

竞争是一个不可预知的过程，它所以有价值"完全是因为它不同于任何人刻意达致或原本想达致的那些结果"[1]。竞争是市场经济秩序的本质特征，公文寄递需要多方主体共同参与，只有坚持以自由竞争和公平竞争为导向，才能推动邮政快递业健康发展，满足人民的用邮需求。这既是初衷，也是使命。

---

[1] 张占江. 政府行为竞争中立制度的构造——以反垄断法框架为基础 [J]. 法学，2018（6）：80-98.

52.预期和现实

——从快递驿站说起

曾经抖音上有一位男子吐槽快递员将快件送到快递驿站的行为，吸引粉丝上万人，还制作了逼快递员送件上门的攻略，成为这位男子成为网红的"重要抓手"。

如何看待快件送到快递驿站或智能快递存放箱的行为，按照现有的法律和法规，可以归纳为以下几种情形：

（1）快递驿站是双方约定的收件地址，一般双方没有分歧；

（2）快递员通过电话沟通取得用户的允诺，发生纠纷快递员有举证的义务；

（3）快递驿站通知用户后，用户同意自取，这是契约变更；

（4）用户坚持按名址寄递，这是快递服务合同的约定，是承接寄递人的运输合同，属于用户约定的权利。

快递驿站对于百姓生活保障的作用是显而易见的，为上班族提供的便利也是有目共睹的，是社会守正创新的具体体现。这种新模式是客观现实中优化改革的结果。从利益分配角度看，快递驿站（或智能快递存放箱）极大地方便了快递公司和用户，快递公司减少了"最后一公里"的投递成本；用户不用担心接收快件的次生麻烦，而且快递费用占网购成本的比例也逐步减少，改革的成果已经被快递公司和用户分享。

为什么还有这么多的社会不同声音？核心是个案正义和共性稳定预期的矛盾，是人民日益增长的美好生活需要和不平衡不充分的发展之间的矛盾的具体表现。应当有一个超越当下的规则，关注长远的结果设计。例如，民航在一段时间内由于航班延误引起的纠纷不断，广受诟病。现在多数航班都提前到达，准点率明显上升，究其原因是解决了用户的预期。北京飞沈阳原来是55分钟，现在一般都标示90分钟，乘机人的预期得到了满足，也提高了和谐系数。寄递企业在契约设计上如何加入快递驿站因素不只是技术要求，也是一个智慧考量。

一项规则的确立要对长时间内的所有社会成员普遍使用，是个案在一定时期相对合理秩序的提炼和总结。因此，其追求的并非每个具体事件中的公平与合理，而是整体的、全局的。个性化的需求也应在规则中设计救济渠道，尤其在纠纷化解方面，更注重现实。改革中的矛盾解决要花气力从基层开始设计，预期应该是良性的，第一步至关重要，千万不要有：一审完了还有二审，二审完了还有申诉。勿以善小而不为。驿站业务量在逐步增多，小的比例也是一个大的群体。

规则本身的收缩性远比一般人想象得要大。首先，任何规则都有例外；其次，规则本身并没有明确告诉人们具体什么时候应该遵守这条规则。因此，如何从海量的规则中选择适用当下、利于长远的规则，是一门学问。

53.快递员和外卖员的权益保障时不我待①

快递业作为国家重要的社会公用事业，为保障应急救援物资、人民群众日常基本生活物资运输和寄递服务、畅通经济循环、满足民生需要等方面作出了重要贡献。快递员就像城市脉搏里流动的血液，维系着整个城市的正常运转。但是我们也看到，快递员的部分权益更容易受到侵犯，未得到有力保护。

一、快递员的权益受到侵犯

（一）取得劳动报酬权易受侵犯

由于劳动合同签约率不高，以罚代管现象严重，快递员的劳动报酬权经常受到侵害。

（二）休息权难以保障

"5+2" "白加黑" "四季无休、三餐不定、两腿不停"是快递员的工作常态。随着电商的发展与人们日常生活对快递的逐渐接受和利用，快递需求增幅明显，快递业务量增长，快递员的工作时段更集中，工作时间负荷期限不断被突破。

（三）社会保险缺失

在无合同"护身"的情况下，快递员也面临着缺少社会保险的问题。为快递员缴纳社会保险会使得快递公司的成本增加，为了节约成本、减轻负担，不缴纳社会保险成为潜规则。由于快递公司在劳动合同签订、缴纳社会保险方面不够规范，仍有相当数量的快递员并没有享受到企业为其缴纳的工伤保险，自然也无法享受到发生工伤事故以后的相应保障和补偿。

---

① 摘自辽宁省法学会2020年招标课题《疫情防控常态化下快递员权益保护》。

（四）未完全获得劳动安全卫生保护

大多数快递员都需要自行配备劳动安全卫生保护用品，以面对工作中的交通事故风险和职业疾病。由于快递业从业人员冗杂，普遍文化水平不高，防护意识薄弱，所自行采取的劳动安全卫生保护措施都是简单的，甚至是缺失的。

二、保护快递员权益的一些思路

为了有效解决上述问题，笔者提供了快递员权益保护的一些思路。

（一）完善快递员权益保护的法律和法规

寻求劳动行政部门与行业主管部门之间的管制合作，以特别立法规制快递总部的"统一管理"。邮政管理部门与人力资源和社会保障部门联合出台规范性文件，解决快递员劳动保护存在的问题，关爱"快递小哥"，助推快递业良性发展。

（二）加强劳动监察部门的行业监管

加大对快递公司，尤其是基层加盟网点的劳动监察力度。开展快递从业人员权益维护执法专项行动，督促快递公司严格执行《中华人民共和国劳动合同法》（以下简称《劳动合同法》）等法律和法规。

（三）加强快递行业工会组织建设

以职工需求为导向，工会开展更多的普惠性服务，更好地保障一线快递员的合法权益，让他们有更多获得感，感受到党的关怀和工会"娘家人"的温暖。

依据《中华人民共和国劳动法》（以下简称《劳动法》）第三条规定："劳动者享有平等就业和选择职业的权利、取得劳动报酬的权利、休息休假的权利、获得劳动安全卫生保护的权利、接受职业技能培训的权利、享受社会保险和福利的权利、提请劳动争议处理的权利以及法律规定的其他劳动权利。"政府、社会、企业都应当全力以赴保障快递员作为劳动者的合法权益。同时，加强职业培训，提高从业人员整体素质，开展快递从业人员关怀关爱专项行动，加强快递员权益保护。

各司其职，各尽所能，我国要为这些"小蜜蜂"提供敬业、诚信、友善的社会温度。

54.快递员的社会保障是法定权利①

很多快递员、外卖员是没有社保的。有的快递公司、平台企业把"劳动合同"变为"劳务合同",规避政策。更有甚者,用人单位让员工承诺自愿放弃社保。公司是否可以拒缴社保? 快递员该如何维护自身合法权益?

一、为单位员工登记参保是企业的义务

用工单位和员工的社会保险关系并非普遍意义上的民事关系,可以由民事主体之间自行协商议定。社会保险权是所有劳动者的法定权利,企业有义务为其员工登记参保。同理,用人单位也没有权力要求劳动者作出承诺,放弃社会保险;即使已经达成了这样的约定,因其违反现行法律也无效。

首先,用人单位的工伤保险是典型的雇主责任险,雇员不需要缴纳任何费用,所有的保险费用由雇主来承担。

其次,即使签了这种协议也是涉嫌违法的,因为不论是五险一金还是三险一金、五险两金,都是《中华人民共和国社会保险法》(以下简称《社会保险法》)明确规定的用人单位的缴费义务。对缴纳社保的积极性高不高不是企业是否承担义务的参考项,而是法律意识是否淡薄的具体表现。

二、快递员发生工伤若未参加工伤保险由公司赔偿

(一)国家的法律和法规规定了工伤保险范围

我国建立了包括基本养老保险、基本医疗保险、工伤保险、失业保险、生育保险在内的社会保险制度,以保障公民在年老、疾病、工伤、失业、生育等情况下依法从国家和社会获得物质帮助的权利。

《劳动法》第七十二条规定:"用人单位和劳动者必须依法参加社会保险,缴纳社会保险费。"《社会保险法》第六十条规定:"用人单位应当自行申报、按时

---

① 摘自辽宁省法学会2020年招标课题《疫情防控常态化下快递员权益保护》。

足额缴纳社会保险费，非因不可抗力等法定事由不得缓缴、减免。"劳动者只要是在工作时间、工作地点，因为工作原因受伤或者死亡，无论是快递员还是企业的原因，均应视为工伤。这是企业的无过错责任。

《工伤保险条例》第十四、十五条规定了工伤认定范围和视同为工伤的情形。

（二）如果快递员没有参加工伤保险，一旦发生了工伤，该如何赔偿？

由用人单位进行赔偿，而用人单位的赔偿额度也不是双方协商的结果，而是由用人单位按照工伤保险待遇所核定的标准进行赔偿，即原本由工伤保险基金支付的所有待遇，均由用人单位来进行支付。如果不为劳动者参保，那么一旦发生工伤，用人单位就需要承担全部的待遇支付责任。《工伤保险条例》第三十条都有具体规定。

三、对快递员缺失社会保障的救济

快递员如果遭遇企业拒缴社保，劳动者需携带劳动合同、工资条等能够证明劳动关系存在的相关材料，到社保部门反映、举报，社保部门查实后会要求公司补缴。如果公司拒缴社保超过两年的，可以申请劳动仲裁，追回之前欠缴的社保。

如果用工单位仍不缴纳或补足社保，则会被行政处罚。如果因用工单位未缴纳社保导致劳动者无法享受社保待遇而遭受损失的，劳动者可以要求用工单位赔偿损失。如果用工单位未缴纳社保，劳动者也可以依照《民法典》第一千一百六十七条"侵权行为危及他人人身、财产安全的，被侵权人有权请求侵权人承担停止侵害、排除妨碍、消除危险等侵权责任"的规定，以"未依法为劳动者缴纳社会保险费"为由，提出解除劳动合同，要求用人单位支付经济补偿金。

55.执法与秩序

2021年大年初三，湖北某地两村民用炮仗炸六条野生小河鱼，涉嫌"非法捕捞水产品"罪，被采取取保候审刑事强制措施。该事件引发热议。上述行为属于在禁渔区通过禁止方法捕捞，符合非法捕捞水产品罪的犯罪构成。但是本着刑法的谦抑性，同时根据本案中渔获物的数量、价值和捕捞方法、工具等情节，对水生生物资源危害明显较轻，可以认定为犯罪情节轻微，依法不起诉或者免予刑事处罚。

秩序是有条理地、有组织地安排各构成部分以求达到正常的运转或良好的外观的状态。秩序是一定的物质的、精神的生产方式和生活方式的社会固定形式。"人法地，地法天，天法道，道法自然。"这里的"法"我理解为规律和秩序。秩序是法最重要的价值之一。失去了秩序的保障，法律所有的价值和功能就会因为缺乏必要的保障而面临现实的威胁，从而失去意义。因此，法必须服务于秩序，保证秩序的稳定、安定，保证社会行为的规则性和可预期性。而要做到这一点，首要任务就是确保管理秩序的建立；其次是维护社会生活习性秩序，保证人们在社会生活中能够获得安全、平稳的预期；再次是建立和调整经济秩序，实现对生产生活分配秩序的调整；最后是保证国家权力运行秩序的合法性，并对其进行监督。

正如古希腊哲学家亚里士多德所说："法律就是秩序，有好的法律才有好的秩序。"没有秩序，法律就失去了实施的意义，也得不到应有的尊重；没有法律，秩序也就没有了最基本、最可靠的保证。

从刑法的角度来说，过罚相当就是为了维护秩序，惩治违法犯罪行为，应遵循罪责刑相适应原则行使自由裁量权。从行政法的角度来说，实施行政处罚必须以事实为依据，与违法行为的事实、性质、情节以及社会危害程度相当；处罚种类和处罚幅度要与违法行为人的违法过错程度相适应，有些时候还必须考虑社会后果和长远预期。违背比例原则，处罚结果违反社会秩序的，应依法纠正。

例如，过年期间亲朋好友聚会打牌，什么情况下属于违法行为？

《治安管理处罚法》第七十条规定："以营利为目的，为赌博提供条件的，或者参与赌博赌资较大的，处五日以下拘留或者五百元以下罚款；情节严重的，处十日以上十五日以下拘留，并处五百元以上三千元以下罚款。"什么是"以营利为目的""赌资较大"？公安部并没有统一的规定，少数地区根据授权自行制定了一些规章制度，如亲属之间进行带有财物输赢的麻将、扑克等娱乐活动，不予处罚；关于"赌资较大"，一些地区也规定了不同标准，主要考虑社会危害程度和收入标准，核心就是维护社会秩序。

总之，在建立社会秩序的过程中，法律首先是通过给社会主体最大自由和法律权利来引导社会的各种行为，使这些行为相互和谐。其次，法律通过义务和责任的确立，使执法者对自身的行为加以自我约束，刑法和行政法的谦抑性原则是建立社会秩序的前提。

56.快递公司超区域经营当罚

2022年，我国快递服务企业业务量累计达到1 105.8亿件，为人民生产生活提供了坚实保障。快递业法律和法规的出台对行业健康发展提供了政策支撑，对快递公司的监管措施越来越完善，市场规范化程度也相应地大幅增强。由于利益驱使，快递公司超区域范围经营快递业务的违法行为有所抬头，应当受到相应的处罚。

一、超区域范围经营违反《邮政法》经营许可的有关规定

经营快递业务，应当依法取得快递业务经营许可。邮政管理部门应当根据《邮政法》第五十二条、第五十三条规定的条件和程序核定经营许可的业务范围和地域范围，向社会公布取得快递业务经营许可的企业名单，并及时更新。快递行业需要行政许可的原因是：

第一，其经营的快递属于寄递委托人（或收件人）的财产，需要监督保障；

第二，公民拥有基本权利，需要向社会公布；

第三，保障国家安全和社会公共安全，明确企业的主体责任和政府职能部门的监管责任。超区域范围经营的核心是区域以外没有经营主体或经营主体没有许可。

二、超区域范围经营存在重大安全隐患

从安全管理的角度看，超区域范围经营快递公司很难落实寄递安保"三项制度"要求，安全生产是属地管理，这就产生了管理漏洞：

1.协议客户没有备案

根据《邮件快件实名收寄管理办法》，应当与寄件人签订安全协议，明确双方的安全保障义务，签订安全协议的用户名单送邮政管理部门备案。

2.过机安检责任很难落实

超区域范围经营企业不可能在超范围区域设立安检机，是否对快件进行过机安检就无从核实，产生安全生产落实盲区。对这种违法行为，一直都是关注的

重点。

三、超区域范围经营规避监督管理和破坏社会秩序

1.监管是行业健康发展的保证

《邮政法》《快递暂行条例》《邮政业寄递安全监督管理办法》对作业场所、生产规范、信息安全，保障从业人员、用户人身和财产安全都有较为详细的要求，企业有主体责任，监管部门有监督责任，超区域经营就是新区域无证经营，逃避监督。

2.影响快递行业经营秩序

超区域范围经营是对合法经营企业的冲击，也是对合法经营者权益的损害，严重扰乱市场秩序，属于劣币驱逐良币，需要净化。

快递业正逐步向规范化、法治化、绿色化发展，应对与法不合、与情不通的超区域经营大声说"NO"。特定时期，管理部门出重拳、用重典、急刹车有政策要求，有法律保障，是保证"服务全领域、激活全要素、打造双高地、畅通双循环"二十字方针全面落实的具体行动。

57.投诉和举报

笔者作为行政机关负责人出庭应诉时，原告将"投诉"和"举报"相混淆，举报某村委会违法经营，要求行政管理部门查处经营者并赔偿其损害。现实中部分法律工作者和执法人员也存在模糊认识，简单地以申请书名称作为区分投诉和举报的标准，也容易造成工作上的误解和偏差。判断男孩或女孩不是看叫什么名字，判断申请事项属于投诉还是举报的关键也不在于申请书的称谓，而在于申请书的内容是维护其自身的合法权益，还是主观上认为违反公共利益。

下面我们就来具体说一说二者有什么区别。

一、概念不同

关于投诉和举报的概念，《最高人民法院行政法官专业会议纪要》（六）（投诉领域）指出投诉与举报的区分标准：

公民、法人或者其他组织认为第三人实施的违法行为侵犯自身合法权益，请求行政机关依法查处的，属于《最高人民法院关于适用〈中华人民共和国行政诉讼法〉的解释》第十二条第五项规定的投诉。投诉人与行政机关对其投诉作出或者未作出处理的行为有法律上的利害关系。

公民、法人或者其他组织认为第三人实施的违法行为侵犯他人合法权益或者国家利益、社会公共利益，请求行政机关依法查处的，属于举报。举报人与行政机关对其举报作出或者未作出处理的行为无法律上的利害关系。

根据上述概念，是否为了保护自身合法权益，是投诉人与举报人的最根本区别。从表现形式上看，投诉人与被投诉人之间客观上存在某种法律关系的联结，如合同关系、相邻权等；举报人与被举报人之间并不存在这种关系或双方的联结并不直接，比如较为典型的环境公益诉讼。

二、申请主体不同

投诉人是认为自身合法权益遭受侵害的相关方。其通常实名投诉，有具体联系方式。

举报人是发现违法行为的自然人、法人或者其他组织。与自身权益是否遭受侵害、是否属于利益相关人员无关，其可匿名举报，日常表现为"该说的我说了"。

三、处理方式不同

投诉的处理方式是"调解"。调解行为不具有行政强制力，双方无法达成一致的，终止调解，建议投诉人通过向有关行政部门申诉、根据与经营者达成的仲裁协议提请仲裁机构仲裁、向人民法院提起诉讼等途径解决。

举报的处理方式是"查处"。查处行为具有行政强制力。行政管理部门根据举报内容对案源线索进行核查，并最终通过法定调查程序依法作出给予行政处罚、不予行政处罚、违法事实不成立，可以结案或移送其他行政管理部门、司法机关等处理，体现违法必究，不放过一个坏人，也不冤枉一个好人。

四、处理时限不同

行政管理部门应当自收到投诉之日起七个工作日内作出受理或者不予受理的决定，并告知投诉人。终止调解的，行政管理部门应当自作出终止调解决定之日起七个工作日内告知投诉人和被投诉人。

行政管理部门在调解中发现涉嫌违反市场监督管理法律、法规、规章线索的，应当自发现之日起十五个工作日内予以核查，并按照行政处罚有关规定予以处理。特殊情况下，核查时限可以延长十五个工作日。法律、法规、规章另有规定的，依照其规定。

举报人实名举报的，有处理权限的行政管理部门还应当自作出是否立案决定之日起五个工作日内告知举报人。

五、撤销权限不同

行政管理部门鼓励投诉人和被投诉人平等协商，自行和解。投诉人与被投诉人自行和解后，可以自愿撤回投诉。

举报人举报后又要求撤回举报的，不论何种原因均不具有法律效力。行政管理部门对举报人所提供的案源线索调查核实后，如果被举报人确实存在违法行为，仍然会受到相应的行政处罚，和举报人没有必然联系。

六、救济途径不同

投诉人为维护自身合法权益，要求行政管理部门履行法定职责，对投诉事项进行处理。如果行政管理部门不作为、乱作为，势必对投诉人的合法权益产生实际影响，形成利害关系，故投诉人有权提起行政诉讼。

举报人发现违法行为进行举报，并非出于维护其自身合法权益，行政管理部门的处理结果不会对其合法权益产生实际影响。虽然举报人享有举报权和获知处理结果的知情权，但法律并未明确赋予举报人质疑举报处理结果的权利，热心给予肯定，结果不是你（举报人）定。

七、诉讼申请人资格不同

举报人为维护自身合法权益而举报相关违法行为人，要求行政机关查处，不服行政机关就举报事项作出的行政决定或者不作为的，具有行政诉讼当事人资格。

对于行政机关的举报处理行为，包括作为和不作为，是否可以提出行政复议或者提起行政诉讼，取决于法律、法规及规章是否有关于行政机关对于举报事项要在一定期限内受理并依法作出处理的明确规定，即规定行政机关的法定职责，"赚这个钱，干这个活"。行政法上对举报处理行为有明确规定而行政机关拒绝处理的，才可能属于行政复议和行政诉讼的管辖范围。而对于行政机关已经受理并作出相应处理的，如果没有法律的明确规定，依据《行政诉讼法》第二十五条第一款，举报人没有提起诉讼的权利。

58.粗暴的以罚代管

外卖平台和寄递企业以罚代管现象十分突出。我们都知道处罚的功能有两个：惩罚和预防。惩罚与预防并非并列关系，惩罚是对已发生行为的否定，而预防是对行为的方向性引导。

以罚代管是最原始、低层次的管理方式。寄递企业日常以罚代管，主要是因为以罚代管具有如下优点：

（1）管理成本低。这是因为简单好用，无须进行太多管理，是一种典型的惰管行为。

（2）收效快，这是因为剥夺利益的恐惧让被管理者掩盖问题。

（3）管理方式简单。这是企业本应通过培训、技术支撑来达到的质量标准，靠以罚代管来实现，还不需再花钱培训、投入技术了；更有甚者以罚款作为企业"创收"的方式。

有时以罚代管可以带来足够的震慑作用，在短时期内解决问题。但这种方式治标不治本，达不到实质化解问题的真正目的，甚至形成人人自危、缺少预期及消极的文化。以罚代管，就是用对被管理者的威慑来战胜人的惰怠，由于是剥夺被管理者的劳动获取的利益，显然是非正向的。企业最有效的管理，应该是通过人的欲望来战胜人的惰性，通过激发主人翁精神参与企业的共建，也就是通过激励来替代以罚代管。

卓越管理、体系管理、制度管理、精细化管理、绩效管理等都是经过实践检验的好的管理方式。当前寄递企业员工有"高强度""高负荷""低门槛""流动大"的特征，针对这些特点，以罚代管方式显然不能成为企业管理的最佳手段。小企业靠能力、靠机遇、靠能人，大企业靠组织、靠制度、靠文化，尤其是健康向上的文化，已经成为共识。笔者建议仍在以罚代管的管理者进行深度反思。

制度到制度化再到制度文化需要一段长时间的路要走，虽难，但其是企业的必由之路。管理是门学问，罚款并非良策。

以罚代管也违背《劳动法》等法律和法规。如《工资支付暂行规定》第十六条就明确规定："因劳动者本人原因给用人单位造成经济损失的，用人单位可按照劳动合同的约定要求其赔偿经济损失。经济损失的赔偿，可从劳动者本人的工资中扣除。但每月扣除的部分不得超过劳动者当月工资的20%。若扣除后的剩余工资部分低于当地月最低工资标准，则按最低工资标准支付。"这从法规方面明示了"罚"的有限性。

没有哪个团队、企业可以靠处罚的方式而做大做强的，因为其不符合人性；解决本质问题还得研究管理制度构建，激发工作动力。"问渠那得清如许？为有源头活水来。"

59.执法人不能被舆情所左右

快递行业的上游是电商和邮寄人，同时寄递行业又分收件、干线运输、分拨、投递等多个环节。当事人主张权利具有主观和客观的特性，执法人员一定要依据事实、证据、适用法律，结合行业特点作出客观正确的决定——处罚（或不予处罚）。杜绝在事实不清、证据不足的情况下为平息舆情违反程序作出判断，努力不能被舆情所左右。

一些群体性事件中，民众通过网络所表达的群体性情绪、态度、意见与要求等形成的网络舆情，是社情民意中最活跃、最尖锐的一部分，最直接、最快速地反映了社会各个层面的舆情状况与发展态势，对社会的影响面和影响力越来越大，甚至影响了政府部分行政决策。我们正处在社会经济的转型期和社会矛盾的多发期，社会思潮多样化，社会利益多元化，社会舆情浮躁复杂。网络表达上传方便也给了人们随心所欲的自由，但有些群体为了提高点击率，追求轰动效应，而把社会责任置于脑后，制造了许多与事实抵触的舆情。

作为最后一道防线的法律人应该有定力，其自身特点也决定了不应被舆情所左右：

第一，在探寻事实、评估风险的时候，如何冷静客观，不被个人情绪所裹挟，不被汹涌的舆论所绑架，在最大可能明确事实的基础上作出选择和判断。

第二，在适用、使用规则解决问题的时候，如何综合原则和后果、特殊和一般，结合社会秩序，作出社会大多数人都能接受的判断。

第三，在舆情波涛汹涌、压力山大的时候，如何顶住压力，让子弹飞一会（因为事情往往还会反转），让舆情参与者明白，司法不是寻求正义唯一的大门，而只是正义的最后一道防线。

第四，法官在履行审判职能，制作司法判决书、审查证据的证明力与证据资格、作出程序方面的裁定的时候，如何不受舆情干扰，服从法律的要求与其良心的命令。

世界上没有两片完全相同的树叶，每个人的认识都不相同，舆情参与者肯定存在有识之士，也不乏十足杠精。在浩瀚的舆情、真假难辨的信息里如何抽丝剥茧，发现真相、使用规则，这是法律人的能力。孟德斯鸠说："法是源于客观事物性质的必然关系。"保护民事主体的合法权益，解决争议，维护社会和经济秩序，监督行政机关依法行使职权，适应中国特色社会主义发展的要求，弘扬社会主义核心价值观，这才是法律人的责任。

60.快递公司饮鸩止渴何时休

我国快递行业发展迅速，但是行业发展不平衡不充分的矛盾仍然突出，快递小哥合法权益保障和末端稳定性存在明显短板。2021年国家邮政局提出打造"高质量发展、高效能治理"双高地，但行业内一些企业近期低于成本恶性竞争与高质量发展背道而驰，某些地区采取了一些措施，引起了社会关注。从法理学角度上我认为：

一、低于成本价的竞争违反经济规律

低于成本价的亏本经营违反了价值规律，是对交易本质和目标的误读，也是过度竞争和要素价格扭曲的结果，更是侵蚀了企业的利润，不仅不符合商业目标，还会产生饿死同行、坑死链条、累死自己的结果。物美价廉是追求的目标，物美价不菲才是对经济规律的尊重。

二、低于成本价的竞争影响市场秩序

低于成本价的亏本经营破坏了公平的竞争秩序，甚至引发劣币逐良币，低价恶性竞争使快递公司失去了对电商服务议价的空间。低价恶性竞争必然造成经营规模的不稳定，企业生产经营配置的生产要素，如车辆、人员、场地等，如不按照最大值，则没法保证基本服务，按照最大值配置一定造成巨大浪费；由于低于成本报价，市场不稳，电商企业商品定价也会失准。

三、低于成本价的竞争侵害消费者的长远利益

快递业是现代服务业的重要组成部分，是推动流通方式转型、促进消费升级的现代化先导性产业。近些年来，快递业发展迅速，企业数量大幅增加，业务规模持续扩大，服务水平不断提升，在支撑电子商务、服务生产生活、扩大就业渠道等方面发挥了积极作用。为促进快递业健康发展，进一步搞活流通、拉动内需，服务大众创业、万众创新，培育现代服务业新增长点，对稳增长、促改革、调结构、惠民生起到不可替代的作用。这些成绩的取得得到了邮政快递业法律和

法规体系的保障，低于成本价；如果没有宏观管理的结果，就会像校园贷那样，走到美好愿望的反面。

四、低于成本价的竞争损害竞争的本质

低于成本价格一般是建立在流动资本进入、员工的社会保障严重不足、偷逃税收、剥削末端投递网点、不支付环境保护成本、逃避社会责任等违法违规的基础上，从而导致要素价格的扭曲结果。在快递员群体的权益保障方面，不断有快递员的劳动报酬权和休息休假权受到严重侵害的新闻曝出，社会对快递行业提出了"快""再快"的要求；同时，低价恶性竞争使快递公司对快递员的劳动权益保护没有能力同步。低价的直接反应就是末端均不同程度地下调派件费。而快递员均实行结构工资，其收入由"基本工资+计件工资+补贴等"构成。在这一政策下，快递员收入受到极大影响。同时末端网点硬件投入不足，也给安全生产造成了隐患。收入不稳定促成了快递员队伍流动性大的特点，最后集中反映在招工难和培训成本高的问题上。

放纵任性的低价恶性竞争常引发价格战，不仅恶化了市场竞争环境，还阻碍了企业的技术创新和降低了服务的品质，使快递公司处于恶劣的循环式低端价格竞争中。

高质量发展的路径应该是引导企业从价格导向转变为服务导向，要从需求侧来设计。企业可以通过提高经营管理水平和进行技术创新降低经营成本，通过提高产品或服务的品质留住客户。应该放弃竞相降价导致两败俱伤的低价竞争策略，全方位提升企业总体竞争力，以科学管理和技术创新为动力，增强非价格竞争实力。电商量也是用户量，在前端设计上，把选择权交给用户就会首选服务，选择权交给电商就会选择价格，羊毛出在羊身上，无论包邮不包邮，快递服务的对价最后都是由消费者承担。低价恶性竞争是快递市场排他行为的不得已选择，也是最便捷的方式；需要相关部门协作，从规制上增加低价恶性竞争障碍和惩治，在服务上才能更好地提升。

61.收到快件别忽略权利

某女在淘宝给同学购买婚纱，用于结婚日的礼服。后某女出国，其同学结婚后婚纱才到，其同学是否具有向电商请求违约的责任？某男给父母邮寄家用电器，快递小哥在投递时不慎损坏，丧失使用价值，收件人是否有权要求赔偿？

一般来说，合同由债权人和债务人达成一致后生效，双方既可以约定债务人向债权人履行合同义务，也可以约定债务人向合同之外的第三人履约，以达到合同目的。

随着电子商务的迅速发展，这种利他合同随处可见，赋予第三方请求权可以降低维权成本，停止侵权，便于修复，达成定分止争的效果。如邮寄的水果，收到时少部分腐烂，如果由邮寄人维权可能就全部灭失，由第三人行使请求权就可能减少部分损失。

《民法典》第五百二十二条规定："【向第三人履行的合同】当事人约定由债务人向第三人履行债务，债务人未向第三人履行债务或者履行债务不符合约定的，应当向债权人承担违约责任。

法律规定或者当事人约定第三人可以直接请求债务人向其履行债务，第三人未在合理期限内明确拒绝，债务人未向第三人履行债务或者履行债务不符合约定的，第三人可以请求债务人承担违约责任；债务人对债权人的抗辩，可以向第三人主张。"

该条第二款为第三人在相关合同项下的可预期利益提供法律保护。然而，合同的相对属性和私法属性，使得合同约定的内容限制在达成该合同的当事人之间，且该合同是守约方向违约方主张权利的根本依据，除另有约定外，其请求权利并不轻易让渡给他人。如果第三人能够依据其（可能）获利的、并非其本人签署的合同提起诉讼，一方面，合同的相对性原则被突破，债务人将受到第三人的追诉追责；另一方面，虽然不至于发生守约方（债权人）被限制请求权的情形，但是一旦存在违约，债权人行使权利的期限、受偿范围就可能受到第三人的"挤占"，如购买婚纱案例。债权人要想直接请求债务人向其承担违约责任、赔偿损失，则需要提前采取措施。因此，合同当事人在协商约定债务人向第三人履行义务的过程中，应当注意合同条款的约定。

　　值得注意的是，不论第三人是依据法律规定还是当事人约定而取得请求债务人承担违约责任的权利，在合同的实际执行过程中，第三人可能并不持有诉争的合同，或合同履行相关的书证资料，那么可能产生第三人在提起诉讼、证明其诉讼请求和主张的举证障碍。涉及合同当事人撤销向第三人履约的约定对第三人的影响、第三人的权益转让有何规范、请求权的诉讼时效等问题，尚需在司法实践中进一步明确。《中华人民共和国电子商务法》的出台在《民法典》之前，一些商法也应随着电子商务的迅速发展而不断补充。霍姆斯曾说："法律的生命不在于逻辑，而在于经验。"

62.邮戳在合同订立中的法律意义

邮戳即邮政日戳，是指邮政企业在邮件寄递服务过程中使用的刻制有地名和日期的专用戳记。邮戳在民事活动中是期间（期限）和送达行为的重要的判断依据，尤其是体现为合同订立过程中。

合同订立通常采取要约、承诺的方式。要约是希望与他人订立合同的意思表示，承诺则是受要约人同意要约的意思表示。如何确定承诺期限的起算点，对受要约人是否作出承诺、何时作出承诺、以何种方式作出承诺，以及作出的承诺是否有效等具有重要意义。因此，《民法典》对承诺期限的起算点确定了统一标准，以尽量减少可能发生的争议。《民法典》第四百八十二条规定："要约以信件或者电报作出的，承诺期限自信件载明的日期或者电报交发之日开始计算。信件未载明日期的，自投寄该信件的邮戳日期开始计算。要约以电话、传真、电子邮件等快速通信方式作出的，承诺期限自要约到达受要约人时开始计算。"该条即确定了各种情形下承诺期限的起算点，其中，明确要约以信件作出的，承诺期限自信件载明的日期开始计算；如信件未载明日期的，自投寄该信件的邮戳日期开始计算。这就赋予了邮戳在合同订立过程中具有判断承诺期限起算点的法律证明效力。

邮戳在其他一些民事活动及有关活动中也具有期间（期限）的证明效力。《中华人民共和国专利法》第二十八条规定："国务院专利行政部门收到专利申请文件之日为申请日。如果申请文件是邮寄的，以寄出的邮戳日为申请日。"《中华人民共和国税收征收管理法实施细则》第三十一条第一款规定："纳税人采取邮寄方式办理纳税申报的，应当使用统一的纳税申报专用信封，并以邮政部门收据作为申报凭据。邮寄申报以寄出的邮戳日期为实际申报日期。"另外，《中华人民共和国商标法实施条例》第九条、《中华人民共和国专利法实施细则》第四条第一款、《中华人民共和国植物新品种保护条例》第二十二条等也有类似规定。

从上述有关法律规定中可以看出，邮戳不仅具有期间（期限）、送达行为法律证明效力，而且在一定意义上具有国家公信力。伪造邮戳并投入使用，不但可能造成相关法律判断的失误，而且会直接损害国家公信力。因此，法律对邮戳给予了严格保护。《邮政法》第三十八条明确禁止任何单位和个人伪造邮戳。《邮政法》第七十九条规定："冒用邮政企业名义或者邮政专用标志，或者伪造邮政专用品或者倒卖伪造的邮政专用品的，由邮政管理部门责令改正，没收伪造的邮政专用品以及违法所得，并处一万元以上五万元以下的罚款。"

由于邮戳具有证明效力，邮政普遍服务标准对收寄、投递环节加盖邮戳提出了要求。邮政企业在收寄邮件时应清晰、规范地加盖或者打印收寄日戳，在投递邮件时应清晰、规范地加盖或者打印投递日戳。收寄、投递环节不依照规定加盖或者打印邮戳的，即构成提供邮政普遍服务不合标的行为，邮政管理部门将依照《邮政法》第六十七条的规定进行查处："邮政企业提供邮政普遍服务不符合邮政普遍服务标准的，由邮政管理部门责令改正，可以处一万元以下的罚款；情节严重的，处一万元以上五万元以下的罚款；对直接负责的主管人员和其他直接责任人员给予处分。"例如，邮政管理部门在执法检查中发现，某市邮政分公司在平信及挂号信投递工作中存在未对信件加盖投递日戳的问题，涉及信件共计432封，邮政管理部门依法责令该单位在7日内改正，并处以28 000元罚款。

邮戳使用还要注意以下两个问题：

一是邮戳日期字钉必须按照规定更换。依照有关规定，戳日期字钉，应当在每个工作日开始以前或于每日工作完毕后更换，不得提前更换或倒换日期使用。日戳更换字钉后，每次应在"日戳打印簿"上加盖清晰戳样，经检查无误后方可使用。个别邮政网点违反规定，擅自提前更换邮戳日期字钉，发生了因邮戳日期显示逾期造成用户专利失权而导致讼争的事例。

二是按照规定范围使用邮戳。邮戳仅限于邮政营业、投递工作使用，用于盖销邮票以及按规定盖印于邮件封面、业务单据，不得使用于其他范围。违反规定超范围使用邮戳，属于严重违规行为，存在很大的法律合规风险隐患，必须坚决杜绝。

63.明察暗访的证据要素

安全生产工作始终都是重中之重。要求压实企业的主体责任,行政机关担负起监督责任。行政机关的监督检查多采用明察与暗访相结合的方式,在暗访中发现的违法行为属于什么性质?这是企业和执法机关所关心的话题。

所谓暗访取证,是指行政执法人员以公民身份正常行使民事权利,为行政执法提供违法者违法活动证据的行为,不属于执法行为,更不能以执法人员名义参与执法活动。

钓鱼执法,顾名思义,是通过不正当手段利诱当事人实施违法行为并对其予以处罚的过程。违反了《最高人民法院关于行政诉讼证据若干问题的规定》第五十七条第三项的规定,以利诱、欺诈、胁迫、暴力等不正当手段获取的证据材料,不能作为定案证据。

《行政处罚法》第五十四条规定:"除本法第五十一条规定的可以当场作出的行政处罚外,行政机关发现公民、法人或者其他组织有依法应当给予行政处罚的行为的,必须全面、客观、公正地调查,收集有关证据;必要时,依照法律、法规的规定,可以进行检查。"笔者认为:暗访中提供的证据只能作为违法线索,需要进一步查证,如调取视频、近期是否有类似行为、其他书证和物证。全面、客观、公正的调查必须以合法手段来获取。《行政诉讼法》第四十三条第三款规定:"以非法手段取得的证据,不得作为认定案件事实的根据。"

我国影响力较大的两起钓鱼执法事件是:2009年9月16日,上海的张晖搭载自称胃痛路人的交通执法人员,被指非法运营;10月14日,孙中界被同样遭钓鱼持法,为证清白自砍小手指。2009年11月19日,张晖状告上海市闵行区城市交通行政执法大队案宣判,交通行政执法大队被判违法。2009年10月26日,上海浦东新区人民政府召开新闻通气会,通报"联合调查组"关于10月14日"孙中界事件"的调查报告和区政府关于此事件的处理意见,认为有关部门在执法过程中使用了不正当取证手段,10月20日公布的结论与事实不符,向社会公众作出道歉。这两件事为什么引起这么大反响?核心是手段不正确,自称"胃痛"要求张晖搭载,首先是"善意"被利用;孙中界并没有索要车费，是乘客主动在车上扔钱。

以事实为依据，以法律为准绳，什么是事实？就是证据意识。如某人在距查酒驾的堵口30米处停车，进入饭店，警察尾随进去后，该人竟然直奔饭桌，自饮一杯，导致前期是否酒驾认定难度加大。行政执法人员不能简单认定是否酒驾，只能作为线索，应当进一步全面调查：驾车前当事人是否从酒店出来？酒店里是否有监控？监控里是否喝酒？都和谁在一起？有没有人证明其是否喝酒？这是明察，是证据链的要求。一旦证实，就要严肃处理。

安全检查中发现的线索一般都具有代表性，进一步查实查证，能举一反三，规范秩序。只有加强证据意识，才能规范行政处罚的设定和实施，保障和监督行政机关有效实施行政管理，维护公共利益和社会秩序，保护公民、法人或者其他组织的合法权益。

64.动物宠物是否可以邮寄？

在安全生产检查中发现，有人通过快递邮寄动物宠物，其中包括猫、狗、仓鼠、乌龟、小鸡等，检查人员进行了制止。

笔者在几家网购平台上，以"宠物活物"为关键词进行搜索，按销量进行筛选，有的店铺"6万+人收货"。这些店铺遍及全国各地，主要也是通过快递邮寄。那么动物宠物是否可以邮寄？是否合法？

1986年《邮政法》第三十一条规定："依法应当施行卫生检疫或者动植物检疫的邮件，由检疫部门负责拣出并进行检疫；未经检疫部门许可，邮政企业不得寄递。"1990年国务院发布的《中华人民共和国邮政法实施细则》第三十三条规定："禁止寄递或者在邮件内夹带下列物品：……（六）各种活的动物。"基于以上规定，在当时通过邮件邮寄动物是被禁止的。

2015年，《邮政法》进行了修正，禁止寄递的相关要求被规定在第三十七条和第五十九条中。第三十七条规定："任何单位和个人不得利用邮件寄递含有下列内容的物品：……（七）法律、行政法规禁止的其他内容。"第五十九条规定："第三十七条关于邮件的规定，适用于快件。"

相关的法律、行政法规是怎样规定的？2021年修订的《中华人民共和国动物防疫法》第五十一条规定："屠宰、经营、运输的动物，以及用于科研、展示、演出和比赛等非食用性利用的动物，应当附有检疫证明；经营和运输的动物产品，应当附有检疫证明、检疫标志。"第五十二条规定："经航空、铁路、道路、水路运输动物和动物产品的，托运人托运时应当提供检疫证明；没有检疫证明的，承运人不得承运。

进出口动物和动物产品，承运人凭进口报关单证或者海关签发的检疫单证运递。

从事动物运输的单位、个人以及车辆，应当向所在地县级人民政府农业农村主管部门备案，妥善保存行程路线和托运人提供的动物名称、检疫证明编号、数量等信息。具体办法由国务院农业农村主管部门制定。"

运载工具在装载前和卸载后应当及时清洗、消毒。

现实中需要把握的几个问题：

第一，什么是动物？

《现代汉语词典》（第七版）将动物定义为"生物的一大类，这一类生物多以有机物为食料，有神经，有感觉，能运动"。按此解释，鱼类、河蟹等水产品应该属于海洋动物，是动物的一个下属种类；但在实践中，这类水产品又是生活必需品，关系到百姓的"菜篮子"，在没有特殊规定的情况下，从稳产保供的社会生活需要考虑，应按照常规思维理解，不宜扩大解释。

第二，快递公司是否可以寄递活体动物宠物？

这应该是受限制的。运送动物必须使用专门的物流通道，而且要有相应的卫生检疫证明。混装在普通快件之中，动物存在死亡、逃逸等诸多可能和风险，也会对其他快件、环境和从事快递服务人员造成污染，也易对同车运输快件的收货人造成侵权，是绝对禁止的行为。

宠物是人类爱的标志之一，爱也需要正确的方式。

65.工作期间遭受损害谁承担？

例1：甲和乙都是劳务派遣人员，是一个单位的同事。乙驾驶汽车操作失误，将在快件分拣场地分拣快递的甲撞伤。乙和工作单位谁承担责任？

例2：A是快递公司装卸工，在车上卸货过程中，跳板折断，摔成重伤。责任如何划分？

例3：某快递员C在送货途中被D驾驶的机动车撞伤。责任如何划分？

《民法典》第一千一百九十一条规定："用人单位的工作人员因执行工作任务造成他人损害的，由用人单位承担侵权责任。用人单位承担侵权责任后，可以向有故意或者重大过失的工作人员追偿。

劳务派遣期间，被派遣的工作人员因执行工作任务造成他人损害的，由接受劳务派遣的用工单位承担侵权责任；劳务派遣单位有过错的，承担相应的责任。"

重点把握以下内容：

一、因执行工作任务而遭受其他工作人员的侵害

甲与乙皆为用人单位工作人员，且损害因执行工作所致时，就会出现工伤保险与用人单位责任并存的问题。一方面，乙因执行工作任务而损害甲，依据《民法典》第一千一百九十一条第一款，由用人单位承担侵权责任；另一方面，由于甲也是用人单位的工作人员，且在执行工作任务的过程中遭受人身损害，也构成工伤。依据《工伤保险条例》的规定，受害人或其近亲属可以获得工伤保险。

由于工伤保险制度的目的不仅在于补偿受害人，还在于分散用人单位的工伤风险。原则上只能请求工伤保险赔偿，不能要求用人单位承担《民法典》第一千一百九十一条第一款的侵权责任。

二、因用人单位的其他原因致使工作人员在工作中遭受损害

在例2中，A执行工作任务时所受损害，并非其他人员所致，而是用人单位的其他原因所致，如跳板折断等。A获得工伤保险赔偿后，不能要求用人单位承担侵权责任。用人单位未依法缴纳工伤保险费，发生工伤事故的，按照《工伤保险条例》，由用人单位支付工伤保险待遇。

三、工作人员因执行工作任务遭受第三人的侵害

在例3中，D就是此处的第三人，主要指用人单位及其工作人员之外的人。C是快递公司的工作人员，且因执行工作任务发生交通事故，属于工伤；D驾驶机动车造成C的损害，构成侵权行为，应承担侵权责任。在工伤保险与第三人侵权责任并存时，受害人究竟是只能获得工伤保险赔偿，还是向第三方主张侵权责任？依据《工伤保险条例》和最高人民法院的相关规定，职工因第三人的原因导致工伤，工伤事故所涉及的医疗费用赔偿责任应由第三人独立承担；工伤保险费用仅承担第三人无法支付或无法确定第三人情形下的支付义务，并对第三人拥有追偿权利。

66.快件没送到，退件要运费行吗？

　　某企业（托运人）在之前的疫情期间通过快递公司（承运人）分两次发往德国6件商品，运费为3 000元。由于进口国海关政策的变化，无法通关，商品退回。快递公司收取退回运输费用4 000元。商品退回后，托运人要求返还运费，承运人以托运人格式合同承诺和不可抗力为由，拒绝返还运费，几次协商未果，托运人向邮政管理部门提出申诉。

　　双方争议焦点：由于第三方原因，货物没有交付，由谁承担运输风险。

　　依据《民法典》和《最高人民法院关于依法妥善审理涉新冠肺炎疫情民事案件若干问题的指导意见（三）》（以下简称《指导意见三》）的相关规定，应该具体分析：

　　第一，《民法典》第八百二十五条规定："托运人办理货物运输，应当向承运人准确表明收货人的姓名、名称或者凭指示的收货人，货物的名称、性质、重量、数量，收货地点等有关货物运输的必要情况。

　　因托运人申报不实或者遗漏重要情况，造成承运人损失的，托运人应当承担赔偿责任。"

　　第八百二十六条规定："货物运输需要办理审批、检验等手续的，托运人应当将办理完有关手续的文件提交承运人。"

　　核心要义：

　　一是确定信息错误的主体，属于过失责任。

　　二是谁负责办理相关审批、查验手续。如果是托运人自己办理，自担风险；如果是承运人代理，承运人收取的费用就含办理手续费用，填写的错误应该由代理人负责。

　　第二，《民法典》第五百三十三条规定："合同成立后，合同的基础条件发生了当事人在订立合同时无法预见的、不属于商业风险的重大变化，继续履行合同对于当事人一方明显不公平的，受不利影响的当事人可以与对方重新协商；在合理期限内协商不成的，当事人可以请求人民法院或者仲裁机构变更或者解除合同。

人民法院或者仲裁机构应当结合案件的实际情况，根据公平原则变更或者解除合同。"

核心要义：

一是履约期间基础条件发生重大变化属于"情势变更"，如果承运人在履约期间海关等部门发生政策性变化，双方需要重新协商。

二是承运人履约前政策已经调整，或风险可以预见的，属于承运人的经营风险。

第三，《指导意见三》规定，因疫情原因，承运人变更运输路线，只要承运人将相关情况及时通知托运人，就没有违反法律规定的义务，变更运输路线属于合理绕行。疫情期间，国际货物运输合同的货方也易遭遇准备好的货物被禁止进出口、陆路运输受阻无法及时出运等问题。承运人提出解除合同应当予以支持。在这种情况下，如果承运人未尽到勤勉和谨慎义务，未及时就航次取消、航期变更通知托运人，或者在配合托运人处理相关后续事宜中存在过错，托运人请求承运人承担相应责任的，人民法院依法予以支持。

核心要义：

承运人的义务包括：

一是信息及时传递，托运人具有知情权，这种告知义务对承运人具有应然性。

二是及时沟通，海关通关、查验或交通受阻，要在合理的时间通知托运人，明知不能送达而继续受托，则涉嫌欺诈，更不能以所谓内部规定对抗托运人。

"海关查验""临时取消包机""运费争议"是疫情时期国际快递服务中的常见现象。证据的固定与保留、举证责任的分配是关键，尤其承运人应谨慎处理，处理不当将会承担不利后果。建议国际快递公司在接受托运人事宜时，须注意事先约定相关合同条款（慎用格式条款），保障自身权利，降低相关影响及风险。

67.平台用工属性的商榷

李×总经理：

看到你的微信，没有及时回复，表示歉意！

你对媒体关于平台用工属于劳动关系的专家解释表示担忧，我也深以为然。我对劳动保护法方面没有太深研究，根据自身浅薄认识，谈谈我的理解。

按照《劳动合同法》等现行法律和法规，用工关系被分为：劳动关系和劳务关系。而《劳动合同法》的立法目的是完善劳动合同制度，明确劳动合同双方当事人的权利和义务，保护劳动者的合法权益，构建和发展和谐稳定的劳动关系。劳动关系和劳务关系的区分在于从属性还是平等主体，纠纷主要集中在劳动保障的承担责任。如果认定为劳动关系，则由《劳动合同法》进行规范和调整；如果认定为劳务关系，则由《民法典》进行规范和调整

快递员、外卖送餐员、网约车司机，以及其他公司平台配货司机等，他们通过平台指挥完成劳动任务而获得劳动报酬，与平台企业之间有着经济关联性。平台劳动者得到的只是按量（件）计酬的劳务费，职业安全、社会保障、职业培训等劳动者基本权益则无从谈起。这从客观上剥夺了劳动者的基本保障权利，对平台企业的可持续发展蕴含危机，而且对整个社会经济秩序的安定和谐构成隐患。

产生问题的原因主要是用工关系的二分法（劳动关系和劳务关系）落后于平台经济的发展。你说网络上一些"专家"把平台用工一律定性为劳动关系，我学习了一下，认为主要是从平台劳动者的权益保障和经济从属性出发，但与客观实际也有很大差异。例如，你公司对配载货车司机，平台从属性较弱，也不符合劳动关系特征。但你想探讨通过分包、转包，让劳动者注册个体工商户与企业变为合作关系，这些都是《劳动合同法》第二十六条的规定："下列劳动合同无效或者部分无效：……（二）用人单位免除自己的法定责任、排除劳动者权利的……"这是企业逃避雇主责任的手段，会造成社会秩序的混乱，不建议采用。

随着平台经济的进一步发展，平台用工的定性会逐步细化，也建议你公司在

尚不明确的用工关系中采用缴纳企业或个人商业保险等方式规避经营风险。由于平台经济正处于发展期,且有其特殊性,一旦出现纠纷,行政机关和司法机关就会结合客观实际,既对平台等新业态包容审慎,又保护劳动者的合法权益。

顺祝商祺!

老 汤

2021 年 11 月 21 日

68.检察建议在社会治理中的时代特征

网络可查的最高检察院的社会治理检察建议一共有八项：

一号检察建议是2018年10月19日给教育部关于防治校园性侵的检察建议；

二号检察建议是2018年11月给最高人民法院关于规范公告送达的检察建议；

三号检察建议是2019年6月给中央主管机关（金融监管部门和金融机构）关于强化金融监管的检察建议；

四号检察建议是2020年4月给住房和城乡建设部关于严防窨井"吃人"的检察建议；

五号检察建议是2020年7月给最高人民法院关于防治虚假诉讼的建议；

六号检察建议是2020年11月给工业和信息化部关于治理网络空间的检察建议；

七号检察建议是2021年10月给国家邮政局关于强化寄递安全监管、推进寄递安全问题治理的检察建议。

八号检察建议是2022年2月向应急管理部制发的有关安全生产溯源治理的检察建议。

八项检察建议所涉及的都是社会治理中社会影响大、群众关注度高、违法情形具有典型性特点的事项。

这些检察建议是在从"共建共治共享的社会治理格局"到"共建共治共享的社会治理制度"，从"社会治理体制"到"社会治理体系""社会治理共同体"的检察工作的具体表现，是维护社会稳定和公共利益，推进更高水平的平安中国、法治中国建设的检察自觉。

2018年12月25日最高人民检察院通过的《人民检察院检察建议工作规定》明确指出："检察建议是人民检察院依法履行法律监督职责，参与社会治理，维护司法公正，促进依法行政，预防和减少违法犯罪，保护国家利益和社会公共利益，维护个人和组织合法权益，保障法律统一正确实施的重要方式。"

社会治理检察建议是新时代以法治思维和法治方式推进国家治理体系和治理能力现代化的重要方式、方法，是检察机关参与推动社会治理现代化、法治化的重要手段。《人民检察院检察建议工作规定》也明确了检察建议只能是被建议单位的同级人民检察院决定并提出检察建议的工作规范。

从社会治理角度提出的检察建议都取得很好的社会效果。从互联网检索"一号检察建议"能够看到，一号检察建议公布后，省（自治区、直辖市）、市、县三级检察机关都采取各种方式积极落实。例如，检察官担任一些学校的法治副校长；多地检察机关与教育部门联合，对所在地校园安全开展督导检查，督促整改到位；开展法制宣传，提高未成年人法治意识和自护意识；联合相关部门对校园周围环境进行净化和整治；对一号建议提出的问题出重拳，利用公益诉讼等强力措施起到了办理一案、治理一片的成效。

检察机关与被建议单位之间既是监督与被监督的关系，也是良性建议与协作配合的关系。尤其是针对办案、调研中发现的管理监督漏洞、制度措施缺陷、履职不当存在损害个人或组织合法权益隐患的提示，有助于推动社会治理现代化。因此，有必要从治理体系和治理能力的角度把握社会治理检察建议，协助检察机关把建议"做成刚性、做到刚性"，构建检察机关与被建议单位之间的良性互动关系，真正做到于法有据、合情合理、实事求是、切实可行。

69.初探保价在快递赔付中的作用

一、什么是保价？

《现代汉语词典》将保价定义为"一种加收费用的邮递业务，用于寄递较贵重物品、有价证券、包裹等，如有遗失，邮政部门按保价金额负责赔偿"。从该定义中我们不难发现，保价已经成为快递业的专有名词，是快递公司与用户对于快件可能产生的丢失和损坏签订的赔偿约定。

二、法律和法规对快件丢失、损坏等的规定

《快递暂行条例》第二十七条明确规定："快件延误、丢失、损毁或者内件短少的，对保价的快件，应当按照经营快递业务的企业与寄件人约定的保价规则确定赔偿责任；对未保价的快件，依照民事法律的有关规定确定赔偿责任。"

民事法律对快递丢失、损毁怎么规定？

《民法典》没有快递服务合同的称谓，但快递服务与货物运输是在性质上最相类似的行为。多数法院在解决快递服务合同纠纷时，适用《民法典》"合同编"通则的规定，并可推理参照运输合同第八百三十二至八百三十七条的规定。

快递公司造成快件丢失、损毁的，既然保价和不保价都要赔偿，为什么要保价？

一是当前快递运输和分拣都是集中无差异的作业模式，确实存在丢失、损毁的可能；

二是保价费用一般在3‰，也是在寄件人所能承受的范围，是风险分担的一种模式；

三是未对寄件保价时，有的快递公司则会以无法证明寄件价值为由，拒绝或减轻赔偿，保价能在计算寄件毁损灭失的损失金额时减少分歧。

三、保价的直接效果

第一，有助于降低寄件毁损灭失后的处理难度，避免在损害发生后用户与快

递公司纠缠不清，提高争议解决效率。

第二，支付寄件保价有提示快递公司谨慎作业的功效。寄件人支付保价的目的，不是免除快递公司的责任。

当寄件人对快递予以保价时，快递公司会按照保价规则进行赔偿。

四、保价的适用范围

保价是一种赔偿合同，可以是寄件人提出，更多是快递公司提醒，最大限度保证合同双方的权利和义务。从保价的属性上看，适用范围包括：

第一，贵重物品、无法定价的物品、运输分拣易损物品；

第二，多次提出服务质量纠纷的客户；

第三，特定区域和特定时段。

五、保价赔付的注意事项

许多快递公司在保价合同中都规定：以保价服务中的声明价值与实际价值中较低者来确定赔偿范围。该项条款在实际执行中争议较大：

一是在很多情况下标的物已经毁损灭失了，基本上无法确定其实际价值；

二是许多寄递物品本身实际价格就没法估算，如毕业证、个人档案、情感纪念物品等；

三是购物发票和寄递物品的证明力等。

快递公司既然接受了保价，就要承担举证责任；如果快递公司举证不能，就要按照保价金额进行赔付。这是对契约精神的肯定，也是对快递行业保价制度的肯定和支持。

70.再探保价在快递赔付中的作用

在中国裁判文书网搜索案由为"快递保价"的，2022年前判例共有80份，其中，民事案件56起，刑事案件24起；裁判书77份，裁定书3份。在刑事案件中，多数都是互联网诈骗，利用快递保价发送虚假宣传。用户利用快递保价对快递公司进行诈骗的典型案件是，无锡王××利用损坏的电脑笔记本保价邮寄诈骗。王××与快递公司员工串通，多次用已经损坏的"苹果"电脑笔记本进行保价邮寄。从这个案件中，法院采信的证据有当事人陈述笔录、证人赵某的证言笔录、涉案笔记本电脑照片、王××的银行流水、快递公司提供的邮寄信息、理赔银行回单、转账记录、快递运单详情、银行卡收款记录等电子数据，刑事案件侦破经过、扣押决定书、扣押清单、扣押物品、文件清单、发还物品、文件清单、搜查笔录、电子数据现场提取笔录、电子数据提取固定清单、接受证据清单，被告人王某某的身份资料等。公诉机关指控被告人王××犯诈骗罪的事实清楚，证据确实、充分，以非法占有为目的，诈骗快递公司财物，数额较大，其行为已构成诈骗罪。从这个案卷中可以看出，王××主观故意特征明显，快递公司和公诉机关证据确凿，构成诈骗的证据链完整。

在民事案件中，不同地区、不同时段的判决差异较大，存在同案不同判的情况。原因是这样的结果有审判员对邮政快递行业法律和法规不熟，也有当事人或被委托人对法律和法规的了解不清，最主要的还是对证据的把握不当和举证分配问题不明。

如苏州×××新材料股份有限公司诉常熟××物流有限公司案：×××公司（乙方）与××物流有限公司（甲方）签订月结服务合同，由乙方委托甲方代理运输发往全国各地的货物。2017年，乙方通过甲方一件寄递物发生损毁。8月8日，乙方向甲方提出了货物索赔申请，申请表填写内容为：由甲方收件人代签的保价声明价值2 000元，索赔金额为132 166.1元。

收货人乙方向一审法院起诉请求：

（1）判令甲方支付乙方货物损失人民币132 166.1元及运费3 899元；

（2）判令诉讼费由甲方承担。

法院审理发现，2017年案涉批次运输面单，在保价金额、服务方式、托运人签名处均由甲方工作人员代签，而未有乙方工作人员签字确定，且乙方事后也未追认，不能视为乙方同意接受并选择保价服务。一审法院按照月结服务合同第十三条第二款第（一）项A条款的约定进行赔付，判决快递公司赔付11 625元。原告提起上诉，二审法院认为甲方对案涉货物的毁损存在重大过失。依据《中华人民共和国合同法》①第五十三条的规定，乙方主张本案中月结服务合同第十三条第二款"保价与赔偿"条款无效，有事实和法律依据，予以支持。依照《中华人民共和国合同法》第五十三条（合同中的下列免责条款无效：（二）因故意或者重大过失造成对方财产损失的），第三百一十一条（承运人对运输过程中货物的毁损、灭失承担损害赔偿责任，但承运人证明货物的毁损、灭失是因不可抗力、货物本身的自然性质或者合理损耗以及托运人、收货人的过错造成的，不承担损害赔偿责任）的规定，甲方赔偿乙方货物损失112 962元。

在这个案件中，一审和二审法院都依据当事人没有确认快递员代签保价而无效，二审也没有采用月结服务合同的理由是：保价无效，导致月结服务合同无效，依据货物运输合同法作出判决。该案件中保价是否是当事人真实意思存疑，快递公司应该吸取教训。

又如杜×诉北京××速运有限公司案。2020年10月，原告将两块品牌分别为宝格丽和法兰克穆勒的手表快递给北京的梁××进行修理。梁××收到并维修，原告通过微信转账维修费700元。表修好后，梁××通过北京××速运有限公司保价5 000元寄给原告，邮寄费用是到付方式。原告收到该邮件，当场开箱查验发现是空包裹，拒收。原告联系梁××和快递公司，快递公司只同意赔付保价金额5 000元。原告向当地派出所报警。经过警方调查，快件在中转场地已经破损，内件没有两块手表，周转场地对快件进行了二次包装。庭审中，被告对原告的购物小票和所丢失手表的真实性不认可，主张原告通过该快递公司发给梁××时没保价，说明两块手表不值钱。梁××承认他是按照店内惯例投保了保价，保价金额是其自行决定。

一审法院认为梁××出于谨慎进行了保价，并按照指示完成了手表交递，没有故意也不存在过失，快递公司未能尽到安全送达的服务义务，存在重大过失，损害了原告的财产权，承担赔偿责任。由于原告未明确要求梁××适当保价，对自身权益存在疏忽、放任，判定赔偿金额5 000元。原告不服，上诉。

二审法院认为，在邮件中转场地工作人员发现邮件包装损坏，邮件内没有邮寄物，仍二次包装后继续寄送，属于故意掩盖行为；如果收件人没有检查发现，

---

① 2020年5月28日，十三届全国人大三次会议表决通过了《中华人民共和国民法典》，自2021年1月1日起施行。《中华人民共和国合同法》同时废止。

就会造成收件事实，二次包装行为属于故意。保价是对运输过程损坏、灭失、短少的赔偿，并不包括故意损坏或非法占有的情形。按照邮寄物的价值赔偿符合法律规定，也有利于保护寄件人或收件人的权益。两块手表的市场价格由于原告没有收到，原因在快递公司，被告承担举证不能责任，但基于两块手表已经使用和维修，酌情确定快递公司赔偿8万元。

从这个案件中我们看到，一审法院和二审法院对快递保价的理解存在差异：一审适用快递损毁的保价规则。二审认定该公司存在故意违约行为，已不只是保价物品丢失损毁问题，所以判决赔偿8万元，并未适用保价规则，依据就是当事人报警和派出所调查证据，认定邮寄物不是意外，存在主观故意，财产被非法侵占，快递公司有主观过失。

以上案例审判也有一些瑕疵，由于篇幅关系这里就不赘述。保价的核心是风险分担，但不是免除责任，责任归属的核心还是证据。根据《最高人民法院关于民事诉讼证据的若干规定》，当事人对自己提出的诉讼请求所依据的事实或者反驳对方诉讼请求所依据的事实有责任提供证据加以证明。没有证据或者证据不足以证明当事人的事实主张的，由负有举证责任的当事人承担不利后果。

71. 保价如何为快递赋能？

前两篇文章《初探保价在快递赔付中的作用》《再探保价在快递赔付中的作用》对保价的定义、如何认定保价等进行了阐述。快递保价制度是运输合同的派生制度，有其行业特色和时代特征。其与运输保险形式接近，又有很大不同：运输保险的赔付主体是保险公司，快递保价的赔付主体也是运输的主体（快递公司）。

一、保价需要解释的主要问题

（一）保价是不是增值服务？

从几个案例中我们看到，在运输、分拣、仓储、投递环节中，保价快递与不保价快递服务的差异并不显著，保价制度对促进服务提档升级的作用没有表现出来。

（二）保价是不是源于风险分摊？

风险分摊的典型形式是保险，源于海上运输合同的共同海损和单独海损，是保险公司对风险概率的预测经营性行为。保价条款是快递公司（承运人）与发件人（托运人）签订的运输合同中的格式条款，不存在类似保险公司的第三方，风险分摊特征并不明显。

（三）快递公司在保价与不保价的赔偿金额上是否存在明显区别？

针对不保价快件，赔偿数额依据运费或者设定的最高限额；针对保价快件，赔偿按照最高保价金额、实际损失或声明损失赔偿，但均需提供物品价值证明（见表1）。

（四）保价在快递公司内部的效用如何？

现有的快递公司都把保价作为经营性收入，没有留出一定比例的赔付储备金。遇到赔付没有第一时间解决问题，而是把声明价值和实际价值是否一致作为赔付的前置程序，忽视了保价的首要目的。

表1　　　　　　　　　快递公司的不保价赔偿和保价赔偿

	快递公司	不保价赔偿	保价赔偿
1	EMS	最高赔付6倍运费	最高不超过保价金额。保价邮件发生丢失、损毁或短少的，按保价金额赔偿；部分损毁或短少的，按实际损失赔偿
2	顺丰	最高赔付7倍运费	最高不超过保价金额。按实际价值损失赔偿，不足额保价部分或超额保价部分无法获得赔偿
3	德邦	最高赔付3倍运费	最高不超过保价金额。在声明价值内赔偿。声明价值大于实际价值，按实际价值赔偿；声明价值小于实际价值，按声明价值赔偿
4	圆通	最高赔付300元	声明价值大于实际价值，按实际价值赔偿；声明价值小于实际价值，按声明价值赔偿
5	韵达	最高赔付3倍运费	足额投保的情况下，按实际损失赔付；未足额投保的情况下，按损失比例赔付
6	中通	未保价快件，按照实际价值损失赔偿，但最高不超过人民币500元（含）	按实际价值损失赔偿，但最高不超过申报价值
7	极兔	最高赔付10倍运费	按保价金额和损失的比例赔偿，最高不超过货物的实际损失金额

二、快递公司限制性赔付的法律地位

快递公司在签署托运合同时，赔付条款中按运费的比例进行赔付，属于限制性赔付条款。这些限制性赔付条款基本都是格式合同，这些格式合同的法律效力问题，《民法典》第四百九十六条有具体规定。

也有的快递公司对保价的寄递物品经过筛选分级，把高风险高货值的物品找第三方再次保险，这里涉及几个问题：一是政策的歧视性问题；二是双向代理的效力问题；三是是否存在自身义务的逃避问题。从众多民事诉讼案件判决中可以看到，限制性赔付条款很难得到法院支持。

三、保价赔付便民或吓阻

（一）赔付便民性

对于保价金额不高的，一旦发生损毁、丢失情况，一般快递公司就采用简单赔付程序，低值保价商品在实践中赔付便民化非常显著；在高保价和专业性较强的快递赔付过程中，企业倾向走民事诉讼或第三方保险的赔付。保价的便民赔付解决了绝大多数的赔付纠纷，合理性非常显著。第三方保险的情况涉及双向代理，合法性值得商榷。

（二）威胁欺诈作用

从刑事判决的案例中可以看到，现实中确实存在敲诈勒索快递员和快递公司的行为。这些行为主要表现声明价值与实际价值严重不符，单次敲诈金额不多，且重复多次。快递公司遇到涉嫌欺诈要坚决报警，维护自身权益。同时，建议快递公司在执行收寄验视环节严格把关；对企业发现的欺诈疑似人员建立黑名单制度；参考《中华人民共和国消费者权益保障法》的"七天无理由退货"设置反欺诈办法。

四、保价制度构思

一是各快递公司将保价增值服务落到快递服务的每个环节，用快递保价做抓手，起到补充短板、分类管理、提质增效的作用。

二是建立保价基金的管理办法，把一定比例的保价金入基金池，留出少量保价金计入收入，保价快递出现损毁、丢失情况，由快递公司总部或区域的基金管理部门统一赔付；各快递公司设立保价赔付的专业队伍，也能实现赔付后的快递公司救济主张，努力寻找赔付与威胁欺诈的最佳平衡点，实现保价制度的良性运行。

72.行政裁量是个技术活

《快递暂行条例》第四十四条规定：

经营快递业务的企业有下列行为之一的，由邮政管理部门责令改正，没收违法所得，并处1万元以上5万元以下的罚款；情节严重的，并处5万元以上10万元以下的罚款，并可以责令停业整顿直至吊销其快递业务经营许可证：

（一）未按照规定建立快递运单及电子数据管理制度；

（二）未定期销毁快递运单；

（三）出售、泄露或者非法提供快递服务过程中知悉的用户信息；

（四）发生或者可能发生用户信息泄露的情况，未立即采取补救措施，或者未向所在地邮政管理部门报告。

什么情形处以1万元以上？哪种情节需要处罚10万元？这就是行政裁量行为。行政裁量权是指国家行政机关在其职权范围内，基于法理或事理对某些事件所作的酌量处理的行为的权力，即行政机关作出行政处罚时，可在法定的处罚幅度内选择。为什么要留行政裁量空间？这是由于行政执法部门管理的社会对象和管理内容越来越复杂，法律条文只能很宽泛地作出一般性、原则性规定，法律不可能将社会现象完全加以规范，需要行政机关自主灵活、更有效能。只有授予行政管理人员一定的自由裁量权，才能对复杂的社会管理作出相对准确回应。这就决定了在迅速发展的现代社会中行政裁量的不可或缺性。

具体行政行为由具体执法者来执行，由于人的认识差异和手段不同，容易产生很大偏差。行政裁量的设定是为了实现公平正义，这就要求羁束行政行为，保障公平、公正地处理行政事务，避免行政权力滥用问题发生，实现保护公民、法人和其他社会组织的合法权益的初心使命。

具体行政裁量行为应遵循5种规则：

一是符合立法或者规范性文件制定的目的（立法本意）；

二是裁量幅度在法定范围内，严禁突破（合法行政）；

三是考虑事实、性质、情节和危害程度，避免片面（全面客观）；

四是选择对当事人合法权益保护最有利的方式依法实现行政目的（比例原则）；

五是在相同或者相似的情况下，作出行政裁量的决定应当与以往作出的决定基本相同或相似（同案同判）。

行政执法涉及各个行业，专业性强，执法能力不均衡，加强行政裁量规范是依法治国的时代要求。羁束和规范行政裁量行为，首先省（自治区、直辖市）、市、县要依据法定职责，制定裁量权基准，统一裁量标准。裁量基准的制定要采用民主、公众参与的方式，结合当地经济水平、文化传统等因素。建议采用轻微、一般、严重三分法，减少主观因素，又能兼顾行政执法的效率。

73.快递用户投诉中民事行为与行政行为的处分

2021年8月3日，辽宁省邮政管理局邮政业消费者申诉受理中心的领导向我反映，以前处理完的一个申诉客户提出新的要求，向省里有关渠道提出对处理结果不满意，要求限期答复。我又仔细查阅了该客户多次的来信、申诉、举报材料，材料要求赔偿损失、处罚快递公司、对受理人员进行处分，还举报政府工作人员的渎职行为。同时，我对市局的几次处理反馈情况进行了梳理，感觉分歧较大。我决定与当事人进行沟通，了解当事人的真正诉求，从源头上化解矛盾。

接通对方电话后，我自报家门，对方没有流露出特别大的抵触情绪。我在交谈中发现对方在邮政快递的法律和法规上做了很好的功课，这就有了沟通的基础。

首先，我提出对方的诉求比较乱，争取对方同意后，一起梳理对方的诉求，总结为三个方面：一是民事诉求，让快递公司赔偿快递破损的经济损失；二是对快递公司监控资料不完整进行处罚；三是举报给快递末端进行备案的工作人员不作为、渎职。我和当事人对三个诉求进行了分析，指出，根据《行政处罚法》第七条第一款和《民法典》第一百八十七条的规定，应该民事优先，所以要先解决民事诉求。当事人表示快递公司已经赔付了1 500元，当时已经接受了，但是觉得没看到快递公司被罚款，想把赔付的钱退回去，让政府加重对快递公司处罚。我强调民事与行政分开处分，一事一理既是法律和法规的要求，也是对其民事权利的保障，最后当事人表示对经济赔付接受。

其次，对快递公司的处罚，地市局对监控资料不完整情况已经进行了约谈，给予警告。快递公司对于资料不完整给出的解释是可能出于网络原因，当事人也同意可能是网络、停电、操作失误等不可控因素。我也指出，根据《行政处罚法》，警告和通报批评都是行政处罚，监控资料不完整给予警告是过罚相当，当事人对警告也是行政处罚半信半疑，表示要查一下有关法律规定。

最后，关于举报工作人员不作为、渎职，当事人除监控资料不完整外提供不了其他证据。根据《快递末端网点备案暂行规定》，末端网点开办者对其开办的末端网点进行备案，开办者应当对其开办的网点加强管理、培训，采取有效措施保障用户合法权益，并对所开办的快递末端网点承担快递服务质量和安全责任。当事人表示对快递末端网点实行备案制不了解，我从营商环境和快递的时效性等特点，实行备案制的应然性进行了分析，对方表示完全接受。近一个小时的通话，达到了化解矛盾的目的。

通过这个案例，我有以下感悟：

（1）在民事和行政诉求交织的纠纷中，坚持民事优先是梳理一团乱麻的关键。

（2）敢于面对当事人，倾听当事人的诉求，取得当事人信任，维护当事人的合法权益。

（3）对于申诉和举报一定要区分，在本书的《投诉和举报》一文中说得还算清楚。

74. 黄牛

——快递身上的血吸虫

一些快递公司为了追求增长速度，在市场没有增量的情况下追求业务量，在服务同质化的情况下，采取价格战手段，靠降低价格抢市场。量就是价格的筹码，价格是吸引量的手段。在这个背景下，快递黄牛克隆繁殖，野蛮生长。如果一户商家的单量较小，没有和快递讨价还价的谈判资格，黄牛就组织若干家商户，把各家快递量集中一起，和快递网点或分公司、市场部等讨价还价，想要量就杀价，别人给 2 元一件，你就 1.8 元；回头再谈，他给 1.8 元，你能不能 1.6 元……黄牛作为中间商和商家共同分利，一单差两毛钱，5 000 单就差 1 000 元，电商和黄牛共同分钱，快递公司没减量而减少收入，但没减少义务，黄牛成了快递公司的血吸虫。快递小哥蜜蜂一样地奔忙，到手的却是被黄牛薅过的羊毛。

黄牛既不是电商要件，更不是物流的一个环节，和网络时代没有应然性，更没有必然性。一个完整的电子商务流程大致有 5 个步骤：生产、平台、支付、物流和评价。黄牛既不是生产商，也不是平台商，与支付和评价更不搭界，靠量获取话语权，游荡于多家快递公司之间，索要最好的政策、最高的补贴额度，只是做个扰乱市场秩序的中间商。中介揽收寻找低价快递赚差价，不去投资，也没有后期服务。黄牛不派件、无成本、没社会责任，逃避监管，带来隐患。

快递黄牛的危害是多方面的。

首先，影响快递业健康发展。对快递公司的吸血性行为削弱了行业发展的能力，拉低快递公司的效益，降低快递公司的投资、改造、升级和高品质的体验感。

其次，影响快递从业人员的稳定。快递小哥的收入直接与收件挂钩，收入的减少不但直接减少收件员的收入，还影响分拣、运输、投递等每个环节工作人员的收入，不但降低了服务水平，也直接影响从业人员的信心和权益。

最后，影响快递行业的生产安全。黄牛本身没有快递合法经营权，平时"打一枪换一个地方"，电商和用户的合法权益没法保障，无论是"携款跑路"还是"快件丢失"，黄牛都不会承担其应负的责任。

　　昔日最猖獗的"火车票黄牛"随着车票实名制已经不复存在，快递黄牛就是钻价格战的空子，也不会长久。解铃还须系铃人。快递公司只有从拼价格向拼服务升级，才是解决问题的通途。环顾全球，没有哪个企业靠打价格战发展壮大。邮政管理部门也要联合市场监督管理、公安等部门做好监督，积极应对社会举报，打击黄牛和跨境揽收现象。如何打击？建议参考本书中《快递公司超区域经营当罚》一文。

75.邮政快递业执法案卷中询问笔录的制作

2021年，评案人在全省案卷评查过程中发现个别案卷中的"询问笔录"有"不完备"的地方，评案人自嘲为"鸡蛋里边挑骨头"。我听了后，调看案卷，觉得确属瑕疵。执法人员素质参差不齐，语言表达能力和逻辑性可能不完全绝佳，但从行业执法要求和法治建设的角度看，有说明之必要。

该案卷询问笔录的基本情况如下：首先，询问人表述案卷来源，共用150余字，最后询问是否属实，被询问人答"是的"；询问人再问是否培训内容，共用40余字，被询问人答"培训过"；再问有关法条是否清楚，共用110字左右，被询问人答"清楚"……类似情况我就不一一举例。这个询问笔录的瑕疵就在于询问人和被询问人的角度失衡，执法人员有"诱供"的嫌疑。为什么得出这个结论？

询问笔录属于证据类法律文书，它在承上启下、消除矛盾、关联证据、弄清事实等方面具有重要作用。在行政处罚的过程中，询问笔录作为一份证明违法行为是否存在的直接证据，最大的价值体现为将其他间接证据串联起来，通过询问笔录把是否存在违法行为的过程完整地表述出来。一份恰到好处的询问笔录需要考虑如下四方面：

第一，要做好问前准备。在正式询问之前，有必要列出询问提纲，以免遗漏重要问题。

第二，不要复制粘贴，导致不同笔录中产生雷同问题。司法实践中有可能将"雷同笔录"作为非法证据排除或者不予采信。所以对于一般的内容可以复制，但是对于一些重要的内容一定要改动相关内容以适用当前案件，并且用当事人的口吻写出来。

第三，不要"问多答少"，导致产生选择性提问。执法人员在对当事人询问时不得要领，又嫌被询问人讲话条理性不强，干脆把被询问人的意思通过自己的语言整理成一段文字作为询问内容，然后问被询问人是不是这样。执法人员表述过多就侵犯了当事人的陈述权，这种提示性或诱导式的询问是我国法律不提倡的，不能作为合法证据使用。

第四，询问中不能直接问你违法所得是多少，货值多少。实践中违法所得和货值均是由执法人员根据情况来认定。特别是违法所得是个系统性工程，案情不同，算法不同。执法人员直接询问所得数值不一定会被认可，此部分可能会被认定为询问笔录的无效部分，不予采纳。

最后，不要忘记几个应有的询问程序：

（1）自由裁量确认的问题，应当询问违法行为现在的状态是什么，是否已经改正等。

（2）一事不再二罚的问题，应当询问是否受过行政处罚。

（3）违法行为是否超过期限的问题，应当询问违法行为开始时间，是否超过2年或5年，是否是连续和继续的问题。

（4）特殊身份的确认的问题，是否为人大代表、政协委员、未成年人等。

76.以案释法：女孩网购毒蛇，承运快递公司责任几何？

2018年，一位21岁女孩杨某在二手交易平台网购两条剧毒的银环蛇，被毒蛇咬后不幸中毒身亡，该新闻引起广泛关注。北京市海淀区人民法院公布的判决书对案件事实和证据、侵权行为构成进行了抽丝剥茧的论证，条分缕析。其中，作为承运人的两家快递公司责任问题亦引起了大家的关注。本文基于法院判决对承运快递公司在本案中的"角色"进行梳理分析，以案释法。

【事实和理由】

杨某共花费225元，先后两次通过二手交易平台向邵某购买了两条银环蛇。邵某并没有直接发货，而是在接到订单后通过微信联系张某，分别支付70元和80元，要求其向杨某的地址邮寄。张某通过快递寄出了第一条银环蛇，第二条则联系了王某，由王某通过另一家快递公司寄出。银环蛇是我国"三有"保护野生动物，但不属于国家重点保护野生动物。其毒性极强，被称为陆地第四大毒蛇。之后，杨某左手食指被银环蛇咬伤，并不幸去世。

第一问：快递公司的承运行为是否与杨某身体受到侵害有因果关系？快递公司的承运行为是否增加了杨某身体受到伤害的可能性？

从整体交易行为的角度分析，卖家先后寄递的两条银环蛇分别交由申通公司和百世公司完成收件、运输和投递，产生两条银环蛇先后成功交付给杨某的结果。也就是说，快递公司的承运行为在平台上进行的买卖行为提供了运输服务，促成了交易的完成。

从个体行为的角度分析，申通公司和百世公司在先后两组交易中均实施了接收装有银环蛇的包裹、进行运输并向杨某投递的行为。其收件、运输、投递行为完成了涉案两条银环蛇的交易闭环，如其未实施上述行为，则不会产生杨某成功接收两条银环蛇的结果，增加了杨某收到银环蛇的可能性。

因此，两家快递公司作为物流服务提供者，接受了装有银环蛇的包裹并向杨某运输并投递，与其余被告实施的各自行为相互结合，产生银环蛇交付给被咬伤女孩的后果，与杨某的损害之间存在因果关系。

第二问：在存在因果关系的情况下，承运快递总部企业能否以双方仅为加盟关系（合同关系）为由抗辩，不承担损害赔偿责任？

被告百世公司向法院提交了百世公司上海分公司与加运美公司签署的"百世快递业务服务合同"，并主张收件人员黄某并非其公司工作人员，不要其承担侵权责任。

合同具有相对性，违约责任只能向相对方提出。但本案中，原告提起的为侵权损害赔偿之诉，并不受合同相对性的限制。此外，依据《快递暂行条例》第十九条第三款的规定："用户的合法权益因快件延误、丢失、损毁或者内件短少而受到损害的，用户可以要求该商标、字号或者快递运单所属企业赔偿，也可以要求实际提供快递服务的企业赔偿。"举轻以明重。在本案中，原告当然可以对百世公司提起诉讼。

此外，百世公司需依据《民法典》第一千一百九十一条规定承担用人单位侵权责任。

综上，百世公司与第三方之间签订的服务协议及工作人员部署安排等正常经营、管理行为，均不能否认其对外作为承担银环蛇网络购物运输服务主体的身份。

第三问：申通公司和百世公司过错何在？

两家公司作为物流服务提供者，未对装有银环蛇的快递包裹进行收寄验视、过机安检，并成功完成收件、运输、投递银环蛇的行为，违反了《邮政法》第二十五条、七十五条，《快递暂行条例》第三十条、三十一条，《禁止寄递物品管理规定》第三条第二款的规定，系违法行为。

法律强制要求快递公司建立、执行收件验视制度，是为了应对快递承运过程中已知、未知的不合理危险。邮寄活物、致害性物品等不合理危险，在邮寄行业的发展历程中，已具有相当程度的普遍认知和可预见性。但两家公司在两组交易中均未进行收件验视和安检，以致自身在不知情的情况下收件、运输并向杨某投递了危及寄递安全和用户安全的毒害性物品银环蛇，并最终完成投递交付。两家公司忽视法律为了保护他人生命或财产利益而规定的安全制度，未达勤勉标准，均构成过失。

第四问：已承担相应行政处罚能否成为不承担民事责任的抗辩理由？

依据《民法典》第一百八十七条规定："民事主体因同一行为应当承担民事责任、行政责任和刑事责任的，承担行政责任或者刑事责任不影响承担民事责任；民事主体的财产不足以支付的，优先用于承担民事责任。"适用于本案，银环蛇承运者申通公司和百世公司的行为同时触犯了民事和行政相关法律和法规；百世公司以其已承担相应行政处罚为由主张不应承担民事责任的抗辩意见，属于对民事与行政关系的误读，不能成立。

77.民事纠纷中当事人申请行政处罚的研究

申诉工作改革中，一些行业的申诉电话已经统一规范到当地政府12345市民热线，给群众的投诉、申诉提供了方便。由于申诉方式的改变，许多申诉人在诉求中没有达成民事和解，就申请行政机关对企业的违法违规行为进行处罚，呈现喷发态势。如何处理好民事纠纷当事人申请行政处罚？我结合行业法治进程中出现的相关问题，写一下自己的一些思考。该文章不完整，甚至思考也不深入，但作为行政管理工作的亲历者、实践者，结合自己的行政法研究工作，我希望能够引发同仁更多地关注民事与行政的交织问题，实质性地化解矛盾。

一、问题的提出

辽宁省2022年从12345市民热线、信访、举报转交邮政管理系统的案件中，涉及当事人请求行政机关对企业进行处罚的案件有9.3万件，且有逐步扩大的趋势。如明××，部队伤残，日常居住在辽阳市。2021年3月，部队通过顺丰速递给明××寄送药物。2021年6月，明××向快递公司反映：未收到快递。双方协商不成，2022年5月，明××向12345市民热线进行投诉。市民热线转辽阳市邮政管理局，辽阳市邮政管理局转办给顺丰公司，顺丰公司与当事人再次协商未果，辽阳市邮政管理局建议走民事诉讼程序。明××向国家邮政局、巡视组邮箱进行举报，举报行政机关不作为、乱作为，充当保护伞。这样例子还有很多，原因也是多方面，该文就现行的法规进行分析。

按照现行立法分类，民事与行政是不同类别，民法属于私法，是关于平等主体的；行政法属于公法，是关于不平等主体的；交叉的纠纷要分别处理。这种分别处理方式已经由民事诉讼法和行政诉讼法固化下来。

二、国际上商事解决主要方式

（一）德国解决商务纠纷的途径

在德国，解决商务纠纷的主要途径包括调解、调停、专家裁决、仲裁和民事诉讼。

1. 调解

调解是一种非正式但结构化的解决程序。调解员的功能在于促进和协助各方达成友好争端解决方案。一般来说，调解可适用于所有类型的纠纷。但德国的商事调解制度不够发达，主要原因是调解协议被视为普通的民事合同，不能自动获得强制执行的法律效力，妨碍了商事调解的广泛应用。

2. 调停

像调解一样，调停是基于自愿、灵活、保密和以利益为基础的程序。各方当事人在由中立的第三方充当的调停人的协助下友好地解决争端。德国法律并没有对调停的法律框架作出规定。因此，当事人各方可为调停程序的运行自由设立并商定一套规则。

3. 专家裁决

技术或其他非法律专业的专家，往往在商业纠纷的解决上起到重要作用：在常规法院诉讼和仲裁程序中，法官和仲裁员经常委任专家来协助他们对一些需要专业知识的技术和其他非法律问题作出判断。根据《德国民法典》第319条，专家意见如果不存在明显的不合理，则是有约束力的；是否合理，则由国家法院或仲裁庭作出判断。

4. 仲裁

仲裁作为一种争端解决手段，发端并流行于英美国家，在德国的企业更加倾向通过传统的诉讼途径解决商事纠纷。此外，在德国，仲裁的平均费用相对诉讼成本比较高，因此，德国企业之间一般不太流行约定仲裁条款。

5. 民事诉讼

诉讼是争议解决的最常见的手段，在常见的商事纠纷中，绝大部分是通过诉讼途径解决的。

（二）美国商务纠纷解决的途径

在美国，解决商务纠纷，既可以通过法院依法裁决，也可以通过约定仲裁等非诉讼纠纷解决方式进行。诉讼程序耗时费力，以快速便捷为特点的非诉讼纠纷解决方式蓬勃发展。目前，新的非诉讼纠纷解决方式不断地被设计出来，包括：

（1）调解与仲裁。它是兼具二者长处的综合纠纷解决方式，先由中立第三方进行调解；若调解失败，中立者则作为仲裁员作出有拘束力的终局裁决，非常有效率。

（2）法院附设替代性纠纷解决（ADR）方式。其是以法院为主持机构或受法院指导，但与诉讼程序截然不同，具有准司法性的非诉讼纠纷解决方式。附设在法院的 ADR 方式包括调解、仲裁、早期中立评估和简易陪审团审判。

（3）小型审理。这是一种没有拘束力，可以由民间主持，也可以由法院主持的解决纠纷的程序。其被典型地用于解决国际商事纠纷。

（4）租赁法官。各种非诉讼纠纷解决方式相互协调衔接，效用得以充分发挥。到如今，法律已有规定，对于特定类型案件必须把非诉讼纠纷解决方式作为前置程序。

（三）日本商事与民事的救济途径

日本的替代性纠纷解决体系与其他国家相比较为成熟和完善。替代性纠纷解决在日本纠纷解决体系中发挥着重要作用。其存在协调类和裁判两种类型的替代性纠纷解决机制。

与仲裁相比，协调型的替代性纠纷解决应用得更加广泛。当事人寻求第三方的介入，通过第三方的调停、斡旋，使当事人达成协议，从而使纠纷化解，其具有非正式化、非法律化、非职业化和民间化等特点。

调停不仅在很大程度上应用于持续的法律关系，如房东和房客之间的案件、婚姻案件，还在属于现代纠纷的交通事故案件、环境污染及产品责任案件的赔偿要求上取得显著成果。

介入替代性纠纷解决的第三方包括法院、行政机关和民间机构。替代性纠纷解决的重要机构包括法院的民事调停机构、污染纠纷调解委员会、交通事故纠纷处理中心、消费者中心和产品责任中心、国际商事仲裁协会。替代性纠纷解决的程序总体上看具有以合意为基础、以当事人为中心的特点。替代性纠纷解决的替代性功能被看作通过第三方的介入提供了一个恢复当事人自治的机会。在日本，替代性纠纷解决实现了实体和程序上的高度满意，并且有为更多人带来救济的混合优势。

三、我国现有法律对民事和行政交叉的规范

（一）《民法典》对民事责任分类和化解

民事责任是指民事主体在民事活动中，因实施了民事违法行为，根据民法所

承担的对其不利的民事法律后果，或者基于法律特别规定而应承担的民事法律责任。民事责任属于法律责任的一种，是保障民事权利和民事义务实现的重要措施，是民事主体因违反民事义务所应承担的民事法律后果。它主要是一种民事救济手段，旨在使受到损害的人被侵犯的权益得以恢复。

《民法典》第一百七十九条规定：

承担民事责任的方式主要有：

（一）停止侵害；

（二）排除妨碍；

（三）消除危险；

（四）返还财产；

（五）恢复原状；

（六）修理、重作、更换；

（七）继续履行；

（八）赔偿损失；

（九）支付违约金；

（十）消除影响、恢复名誉；

（十一）赔礼道歉。

法律规定惩罚性赔偿的，依照其规定。

本条规定的承担民事责任的方式，可以单独适用，也可以合并适用。

（二）《行政处罚法》对行政行为的界定

行政行为是指行政主体在实施行政管理活动、行使行政职权过程中作出的能够产生行政法律效果的行为。任何行政行为均须有法律根据，具有法律从属性；没有法律的明确规定或授权，行政主体不得作出任何行政行为。行政主体在实施行政行为时具有单方意志性，不必与行政相对方协商或征得其同意，即可依法自主作出，这是与民事行为最大的本质不同之处。即使是在行政合同行为中，在行政合同的缔结、变更、解除与履行等诸方面，行政主体均具有与民事合同不同的单方意志性。行政主体所追求的是国家和社会公共利益，行政行为是以国家强制力保障实施的，带有强制性，行政相对方必须服从并配合行政行为；否则，行政主体将予以制裁或强制执行。这种强制性与单方意志性是紧密联系在一起的，没有行政行为的强制性，就无法实现行政行为的单方意志性。

依据《行政处罚法》的规定，行政处罚的种类是比较多的，包括警告、罚款、没收违法所得、没收非法财物等。

《行政处罚法》第九条规定：

行政处罚的种类：

（一）警告；

（二）罚款；

（三）没收违法所得、没收非法财物；

（四）责令停产停业；

（五）暂扣或者吊销许可证、暂扣或者吊销执照；

（六）行政拘留；

（七）法律、行政法规规定的其他行政处罚。

（三）《民事诉讼法》与《行政诉讼法》的实体、程序区别

1.目的不同

行政诉讼的目的是维护和监督行政机关依法行使行政职权，保护公民、法人和其他组织的合法权益。民事诉讼所要解决的是平等主体的公民之间、法人之间、公民和法人之间的财产关系和人身关系。

2.诉讼主体不同

在行政诉讼中，有一方必定是行政机关和行政机关工作人员，而且它一直处于被告地位，不得反诉。在民事官司中，双方当事人既可以当原告，也可以当被告，被告可以反诉。

3.人民法院受理起诉的条件不同

行政案件有的可直接向人民法院起诉，有的在起诉前必须经过上一级行政机关的复议。提起民事诉讼则没有这样的条件，只要有明确的被告、具体的诉讼请求和事实根据，属人民法院主管的，就可以起诉。

4.举证责任不同

在行政诉讼中，由行政机关承担对被诉的具体行政行为的举证责任，原告不负举证责任。而在民事诉讼中，除了法律特别规定，通常是谁提出诉讼主张，谁就负有举证责任。

5.审理原则不同

法院审理行政案件，不适用调解，必须以判决或裁定的方式结案。而审理民事案件，可以调解。

四、现阶段利用行政手段解决民事途径探讨

(一) 法律规定的民事责任优先等制度落地

《民法典》第一百八十七条规定："民事主体因同一行为应当承担民事责任、行政责任和刑事责任的，承担行政责任或者刑事责任不影响承担民事责任；民事主体的财产不足以支付的，优先用于承担民事责任。"从中可知，一种行为既违反了民法，又违反了行政法，由此同时产生民事责任、行政责任，即发生法律责任竞合。通常情况下，民事责任、行政责任独立存在，并行不悖；但是在特定的情况下，若某一责任主体的财产不足以同时满足承担民事赔偿责任和承担罚款等行政责任，就发生冲突了。本条规定就是为了解决这类责任竞合的情况，即某一责任主体的财产不足以同时满足民事赔偿责任与行政责任中的罚款时，优先承担民事赔偿责任。例如，一个企业生产伪劣产品，造成消费者人身、财产损害，其需要同时承担对消费者的民事责任以及生产伪劣产品的行政处罚；如果行政处罚包含罚款，其财产不足以同时支付对受害人的赔偿及罚款，对受害人的民事赔偿责任优先于罚款承担。

(二) 行政机关介入民事纠纷，要符合与公共利益的关联性、民事纠纷的简易性、行政的专业性等前提条件

首先，民事纠纷的解决方式主要是和解、调解（诉讼外调解）、仲裁、诉讼；传统上解决行政与民事争议交织的诉求，采取民事优先的方式。

其次，随着这类现象的增多，简单的民事优先对于实质化解矛盾往往造成"案结事未了"，形成新的申请再审、信访的群体。近期我国许多地方法院采取了"行民合审"一并解决方式。

最后，行政机关的介入应该以专业性、公共利益和示范作用为前提，对于网络舆情要客观对待。

(三) 建立行政调解、仲裁、和解等意思表示和行政谦抑性模式

我国现有的调解分诉讼内调解和诉讼外调解。虽然各类申诉中心对于促进和协助各方达成友好争端解决方案做了大量工作，但是由于调解没有强制力，也受到调解员自身的专业性和当事人理解能力差异的限制，还有许多没有形成共识。仲裁由于受到费用和机制的限制，也没有发挥应有的作用。由于我国体制的因素，人们信任政府机关，信访确实化解了许多矛盾，逐渐形成了对行政机关的惯性依赖。但是由于民事纠纷的利益平衡性，通过行政行为来调整民事纠纷也容易

带来一方满意而另一方（或多方）不满意的局面。因此，笔者认为行政机关应该建立起一套谦抑性介入模式，这是落实"使市场在资源配置中发挥决定性作用"的要求，也是对改革开放四十多年逐步形成的民间习俗、习惯做法的充分尊重。

五、行政行为介入民事纠纷的原则

社会主义法治建设必须是为了人民、依靠人民、造福人民、保护人民。人民幸福生活是最大的人权。推进全面依法治国，根本目的是依法保障人民权益。要依法保障全体公民享有广泛的权利，保障公民的人身权、财产权、基本政治权利等各项权利不受侵犯，保证公民的经济、文化、社会等各方面权利得到落实，不断增强人民群众获得感、幸福感、安全感，用法治保障人民安居乐业。公平正义是行政行为追求的崇高价值。要牢牢把握社会公平正义这一法治价值追求，努力让人民群众在每一项法律制度、每一项执法决定、每一宗司法案件中都感受到公平正义。

（1）适用于解决人民日益增长的美好生活需要和不平衡不充分的发展之间的矛盾，保障人民的美好幸福生活。解决主要矛盾是国家治理和建设的方向，也是以人民为中心的核心体现，是行政机关建设的出发点和落脚点。行政行为介入民事行为必须是文明执法、支持司法、带头守法的模范。

（2）适用于保障和维护公民的人格尊严、人身自由和财产安全，使人民群众具有公正感、安全感和幸福感。民生是我国行政中最大的政治，为民造福永远都是为政之本，天地之间有杆秤，那秤砣就是老百姓。平等主体的地位发生了位移，就只能由行政行为进行调整，为人民服务是公务员的永恒宗旨。

（3）适用于推动良法善治，维护社会秩序。《中华人民共和国宪法》是中华人民共和国的根本大法，规定拥有最高法律效力。具体到公民的权益，需要根据各项具体法律和法律行为进行保障。富强、民主、文明、和谐，自由、平等、公正、法治，爱国、敬业、诚信、友善是我国社会主义核心价值观，是人民群众价值共识和民法与行政法共同的价值追求，普遍地反映人民的意愿，提倡文明守法，维护宪法赋予公民的权益，增进人民的福祉。行政谦抑性是确保民众充分自治的必要条件，也是对意思自治的应有尊重，有助于实现社会主义核心价值观。

78.快递公司中止加盟后加盟费是否应当返还？

一些快递公司采取加盟制，加盟制具有增强市场业务拓展能力、经营灵活、风险分担的优势，也存在管控力不强、加盟企业与被加盟企业之间稳定性差的特点。中止加盟后加盟费是否应当返还，应当具体问题具体分析。

一、被加盟企业中止加盟行为，要求返还加盟费的常见情势理由

（一）双方签订的加盟合同为当然无效合同

申请加盟企业不符合许可经营的主体资格，双方签订合同违反法律强制性规定，合同无效。《邮政法》第五十二条、第五十三条规定的条件和程序核定经营许可的业务范围和地域范围已经明确，《快递暂行条例》第十七条也有明确要求。《行政许可法》等法律和法规对许可经营活动主体资格有严格的限定，企业以外的单位和个人本身不具备许可人的准入资格，也就不具备为被许可人持续提供经营指导、技术支持和业务培训等服务的能力，其作为许可经营主体，与被许可人订立的合同当然无效。

（二）双方签订的加盟合同应解除或撤销

《快递末端网点备案暂行规定》第四条规定："开办者应当在快递末端网点设置快件存放和保管区域，配备相应的通信、货架、监控等设备设施，公示快递服务组织标识，并遵守邮政管理部门的其他规定。"第五条规定了备案时限，第六条规定了备案需要的材料。《快递末端网点备案暂行规定》中关于"区域划分"以及"设施"等规定属于行政法规的管理性强制性规定，而非效力性强制性规定。因此，在一些法院观点中，申请加盟方不具备上述规定的条件，并不导致加盟经营合同无效；只有被加盟方能够证明加盟方违反上述规定，导致订立合同的目的不能实现，被加盟方才可以据此要求解除合同。

（三）前端许可失效，导致被加盟方许可或备案当然无效，被加盟方可单方面提出解除合同

《快递末端网点备案暂行规定》第十条规定："开办者的快递业务经营许可被注销或者分支机构名录失效的，其开办的快递末端网点备案自行失效。

开办者撤销其设立的快递末端网点或者合作终止的，开办者应当提前5日通过信息系统告知原备案机关，并向社会公告，妥善处理尚未投递的快件。

有前两款规定情形或者快递末端网点被其他国家机关依法关闭的，由原备案机关注销备案。"

二、加盟费返还及返还比例一般情形所受影响因素

快递加盟企业的加盟费系被加盟方为获得特许经营权而向加盟方支付的初始费用、门槛费用、一次性费用，本质上属于其为获取被加盟方无形财产使用权以及享有特许经营资格的对价。被加盟方请求返还加盟经营费用的，应当综合考虑合同的订立和履行情况、实际经营期限、双方当事人的过错程度等因素合理确定返还的数额、比例或方式。

提请被加盟方注意：

（1）加盟经营对经营主体有严格限制。部分企业先与加盟方签订合同，后成立公司。公司成立后未重新签订合同，这种情况下基于加盟的前置要求，一般法院认定合同无效。

（2）合同自然终止，并不代表加盟方不应承担任何责任。加盟方和被加盟方之间是否存在品牌信赖利益，也是综合考虑因素。

79.探析快递加盟制企业独立人格

品牌加盟制快递公司的股东应该承担哪些债务责任？首先要坚持公司人格独立和股东有限责任。尼古拉斯·默里·巴特勒曾经说过："现代社会最伟大的发明就是有限责任公司！即使蒸汽机和电气的发明也略逊一筹。"

快递业近年来发展迅速，在不断壮大的同时，加盟制快递公司的债权和债务关系也在变得复杂。客户与加盟快递公司发生纠纷后，连带股东的其他公司；一些快递员与快递公司发生纠纷后，到股东家里闹；还有主张限制股东的子女受教育权等。

快递加盟企业属于股东设立的有限责任公司。公司人格独立和股东有限责任是公司法的基本原则。一些案例否认加盟制公司独立人格，是由于股东对公司法人独立地位和有限责任进行滥用，因此，判决股东对公司债务承担连带责任，旨在矫正有限责任制度在特定法律事实发生时对债权人保护的失衡现象，是股东有限责任的例外情形。

一是只有当股东实施了滥用公司法人独立地位及股东有限责任的行为，且该行为严重损害了快递公司债权人利益的情况下，才能适用。损害债权人利益，主要是指股东滥用权利使快递公司财产不足以清偿公司债权人的债权。

二是只有实施了滥用法人独立地位和股东有限责任行为的股东才对快递公司债务承担连带清偿责任，而其他股东不应承担此责任。

三是快递公司人格否认不是全面、彻底、永久地否定公司的法人资格，只是在具体案件中依据特定的法律事实、法律关系，突破股东对公司债务不承担责任的一般规则，例外地判令其承担连带责任。法院在个案中否认公司人格的判决的既判力，仅仅约束该诉讼的各方当事人，不当然适用于涉及该公司的其他诉讼，不影响公司独立法人资格的存续。如果其他债权人提起公司人格否认诉讼，已生效判决认定的事实可以作为证据使用。

四是《公司法》第二十条第三款规定的滥用行为，实践中常见的情形有人格混同、过度支配与控制、资本显著不足等。在治理实践中，需要根据查明的案件事实进行综合判断，既审慎适用，又当用则用。实践中存在标准把握不严而滥用这一例外制度的现象，如股东是否利用公司独立人格，逃债或损害债权人权益；同时，存在因法律规定较为原则、抽象，适用难度大，而不善于适用、不敢于适用的现象，均应当引起高度重视。

【人格混同】认定公司人格与股东人格是否存在混同，最根本的判断标准是公司是否具有独立意思和独立财产，最主要的表现是公司的财产与股东的财产是否混同且无法区分。在认定是否构成人格混同时，应当综合考虑以下因素：

（1）公司业务和股东业务混同；

（2）公司员工与股东员工混同，特别是财务人员混同；

（3）公司住所与股东住所混同。

人民法院在审理案件时，关键要审查是否构成人格混同，而不要求同时具备其他方面的混同，其他方面的混同往往只是人格混同的补强。

【公司控制股东对公司过度支配与控制】操纵公司的决策过程，使公司完全丧失独立性，沦为控制股东的工具或躯壳，严重损害公司债权人利益，应当否认公司人格，由滥用控制权的股东对公司债务承担连带责任。实践中常见的情形包括：控制股东或实际控制人控制多个子公司或者关联公司，滥用控制权使多个子公司或者关联公司财产边界不清、财务混同、利益相互输送，丧失人格独立性，沦为控制股东逃避债务、非法经营，甚至违法犯罪工具的，可以综合案件事实，否认子公司或者关联公司法人人格，判定承担连带责任。

【行政管理及民商事调解的法治理念】注意辩证理解并准确把握契约自由、平等保护、诚实信用、公序良俗等基本原则；注意树立请求权基础思维、逻辑和价值相一致思维、参考指导案例等方式统一裁判处罚尺度，有效防止滥用自由裁量权；注意处理好民商事审判与行政监管的关系，通过穿透面纱思维，查明当事人的真实意思，探求真实法律关系；实务中应当依据有关具体法律规则进行判断，类推适用亦应当以法律规则设定的情形、条件为基础。实际权利人与独立人格的关系，应注重财产的实质归属，而不单纯地取决于债权人表述和公示外观。快递加盟企业的人格还涉及被加盟企业的品牌信赖利益保护，在查证不实时，遵从《公司法》有限责任公司的独立人格原则，避免公司人格否认制度被泛化和滥用，维护投资人的权益和投资热情。

80.为什么恶意举报不应该支持？

当事人到某快递公司网点邮寄合同材料，有意在材料中夹带人民币若干。快件发出后当事人以人民币是违禁品为由，进行举报要挟快递公司，快递公司拒绝赔付。当事人通过12345市民服务热线向邮政管理局举报。

这种恶意举报为什么不能支持？从法理上分析，快递公司原本没有违法意图，在举报人隐蔽或引诱之下才从事了违法活动，行政机关不应该惩罚这种行为，属于证据陷阱，是利用违法逼迫守法低头的表现。从社会主义核心价值观的角度分析，举报人的邮寄行为不是维护社会的公平正义，而是利用监管部门的管理职能达到攫取不当利益的目的，这种行为影响企业的正常经营秩序，也违反诚实信用原则。

快递公司没有主观过错，也不应该接受处罚，依据是《行政处罚法》第三十三条第二款："当事人有证据足以证明没有主观过错的，不予行政处罚。"

81.劳务派遣用工单位常见法律风险防范

由于用工费用在邮政快递业成本占比高，为了规避用工风险，绝大多数邮政、快递公司采取了劳务派遣的用工方式来防范法律责任。是不是采取了劳务派遣方式就能规避用工风险？对用工单位而言，在使用被派遣劳动者时，既要保护用工单位利益，又要考虑劳动者权益。根据《劳动法》《劳务派遣暂行规定》的有关规定，结合行业特点，应当注意如下几点：

一、准确核实劳务派遣单位资质

合作的劳务派遣单位应具有劳务派遣资质，且在业界有良好的信用。没有相应资质和良好信用的劳务派遣单位，可能导致用工单位承担连带赔偿责任。

二、严格审核劳务派遣协议

应在劳务派遣协议中明确约定与劳务派遣单位之间的权利和义务，尤其是加班工资、奖金福利和工伤保险待遇分担等事项。

三、双方规章制度冲突时进行明确约定

劳务派遣单位作为劳动者法律上的用人单位，为了规范被派遣劳动者的劳动，有权依法制定规章制度；被派遣劳动者也有义务遵守执行。而用工单位为了自己的生产经营能够正常有序地进行，制定规范被派遣劳动者的规章制度。劳务派遣单位和用工单位应注意：

（1）在签订劳务派遣协议前互相告知对方己方的规章制度，避免矛盾。

（2）在劳务派遣协议中明确约定，被派遣员工应同时遵守劳务派遣单位和用工单位的规章制度；当规章制度发生冲突时，约定以某一方的规章制度为准。

四、禁止逃逸风险自设自派

根据《劳动合同法》第六十七条之规定，用人单位不得设立劳务派遣单位向本单位或者所属单位派遣劳动者。

五、用工单位须规范化出资培训被派遣劳动者

根据《劳动合同法》，服务期协议的主体应当是用人单位和劳动者，即劳务派遣单位和被派遣劳动者，用工单位不能与被派遣劳动者签订服务期协议，更不能约定服务期违约金。由于快递从业者存在稳定性差的特点，为避免行业技术、技能培训费用打水漂，为他人作嫁衣裳，建议用工单位对于确实想用的人才，必要时应当由被派遣劳动者转化为直接录用。

六、书面约定被派遣劳动者对用工单位造成损失时的处理规则

被派遣劳动者在用工单位工作时，如果因过错损害到用工单位的一些合法权益，给用工单位造成经济损失，根据《民权法》，用工单位可以要求被派遣劳动者承担赔偿责任。客观上，被派遣劳动者的经济承受能力是有限的，用工单位的经济损失往往很难能够得到完全的弥补。在劳务派遣用工中，由于劳务派遣单位的存在，而且劳务派遣单位是被派遣员工的法律上的用人单位，因此，多数用工单位希望由风险承担能力较强的劳务派遣单位来承担经济损失的赔偿。用工单位如果想由劳务派遣单位来承担被派遣劳动者造成的经济损失的赔偿责任，可以将被派遣劳动者的侵权责任转化为劳务派遣单位的违约责任，在劳务派遣协议中约定：劳务派遣单位应教育被派遣劳动者遵守用工单位的规章制度。被派遣劳动者违反用工单位的规章制度造成用工单位损失的，视为劳务派遣单位违反合同约定，应承担违约责任。劳务派遣单位对用工单位承担违约责任后，可视情节追究被派遣劳动者的责任。这样，既避免了侵权责任的义务主体认定不清，也强化了劳务派遣单位的雇主责任，还可以最大限度地弥补自己的经济损失。

七、遏制用人单位"假外包，真派遣"的现象

《劳务派遣暂行规定》对劳务派遣规制很具体。因此，用工单位可以在符合法律规定的情况下，将原来的劳务派遣转变为劳务外包，对于那些平均每日工作时间不超过四小时、每周工作时间累计不超过二十四小时的员工，则可以改成非全日制用工。

但是《劳动合同法》修改决定公布后，有的劳务派遣单位和用工单位采取劳务承揽、业务外包的方式应对法律对劳务派遣的规制，但实际工作地点、管理方式并未发生变化。为防止这种规避法律责任的行为，切实维护被派遣劳动者的合法权益，遏制用人单位"假外包，真派遣"的现象。《劳务派遣暂行规定》第二十七条规定："用人单位以承揽、外包等名义，按劳务派遣用工形式使用劳动者的，按照本规定处理。"但是如何区别劳务派遣和劳务外包，现在没有明确规定。

82.举报人的原告资格解析

2023年2月23日，笔者作为行政机关负责人出庭应诉同一当事人的三起案件，均为二审上诉案件。当事人的诉讼请求内容基本相同，争议的核心就是当事人是否具有原告诉讼资格。我围绕诉讼目的进行陈述，指出举报行为与举报人没有直接利害关系从而不可诉的法律依据和法理基础，得到法官的认同。但是由于专业性较强和时间较紧的关系，感觉原告没有很好理解和认同。

作为消费者、服务的接受者、竞争权人、受害人或者举报事项奖励请求权人等利害关系人，为维护自身合法权益，向享有法定查处职权的行政机关举报经营者的违法行为，举报人就举报事项的处理结果不认同的，与法定职权机关的处罚行为或不予处罚行为有直接利害关系，具有原告资格。

但是，仅以普通公民身份，行使宪法赋予的检举、控告权，向法定职权机关举报经营者的违法经营行为，要求予以查处，举报人就举报事项的处理情况申请政府信息公开的，通常与法定职权机关的处罚行为或不予处罚行为没有利害关系。举报行为是公民参与管理国家、社会事务的参政权与监督权，目的在于对公益进行保护，则不具有原告资格。这是因为当事人对公益的认识具有主观性，客观上是当事人观念通知，不存在当然正义。

行政机关对于举报情况的调查结果应当反馈给举报人。对于举报人的信息做好保密，对于举报处理要根据事实、证据、法律和法规，通过正当程序作出予以行政处罚或不予行政处罚的决定。法律和法规是行政处罚行为的唯一标准和依据，不因举报人的好恶而转移。

依据《最高人民法院关于适用〈中华人民共和国行政诉讼法〉的解释》第十二条第（五）项规定，为维护自身合法权益向行政机关投诉，具有处理投诉职责的行政机关作出或者未作出处理的，投诉人与行政机关作出或未作出处理的行政行为有利害关系。《最高人民法院关于举报人对行政机关就举报事项作出的处理或者不作为行为不服是否具有行政复议申请人资格问题的答复》规定，根据《行政复议法》第九条第一款、《行政复议法实施条例》第二十八条第（二）项规定，举报人为维护自身合法权益而举报相关违法行为人，要求行政机关查处，对行政机关就举报事项作出的处理或者不作为行为不服申请行政复议的，具有行政复议申请人资格。行政诉讼原告资格可以参照该答复确定。同样，就其举报事项的查处情况，只有在为维护其自身合法权益而举报时行政机关作出的有关处理情况的行政行为，才有可能侵犯其合法权益。行政行为的原告应当与被诉具体行政行为有利害关系，才具有原告资格。如果只要举报人自己认为应当处罚就提出行政诉讼，泛化间接利害关系，将会使"路见不平一声吼"变成全民诉讼，转化成滥诉，严重浪费行政资源和司法资源。

许多举报行为是利用行政处罚，间接实现不当利益获取，出发点是恶意或非友善。维护社会秩序，应该主张友善，这是社会主义核心价值观的要求。

83.快递员工作中造成他人损害时快递公司如何行使追偿权?

《民法典》第一千一百九十一条第一款规定:"用人单位的工作人员因执行工作任务造成他人损害的,由用人单位承担侵权责任。用人单位承担侵权责任后,可以向有故意或者重大过失的工作人员追偿。"

就是说,如果快递员是因执行工作任务造成他人损害,则由用人单位作为承担责任的主体,快递员不直接向被侵权人承担责任。同理,在诉讼中应以用人单位为被告,而不是以快递员为被告,也不是以用人单位和快递员为共同被告。如果行为人实施的侵权行为与执行工作任务没有关系,则由侵权行为人自己承担责任。但是,如果快递员存在故意或者重大过失,则用人单位在承担赔偿责任后可以向快递员追偿。如果快递员对损害的发生不存在过错,或者只有轻微过失、一般过失,那么用人单位不能向快递员追偿。

杨某系某快递公司的工作人员。杨某在送快递的过程中驾驶电动三轮车与孙某相撞,造成孙某受伤,交通管理部门认定杨某负此次交通事故的全部责任。快递公司作为用人单位,因法定替代责任承担了案外第三人孙某提起的机动车交通事故侵权责任判决书的义务并已实际给付,并不排除快递公司对杨某因自身重大过失行为给其公司造成的损失进行追偿的权利。

现在分析一下追偿承担问题。快递行业的特点决定了杨某作为快递员在配送投递过程中始终参与道路交通,且每天需驾驶电动三轮车往来多区域,因此,工作过程中发生道路交通事故的概率较高,相较于其他行业的劳动者而言属于高风险行业。快递公司作为用人单位,应当预见可能存在的多种风险,并就风险的发生和涉及的相关法律和法规对杨某进行培训并告知。虽然快递公司提交了员工入职须知和安全生产规章制度,但未能就已对杨某进行了针对性的培训进行举证,亦未证明曾经采取过相关措施降低或避免高风险类快递人员在派送快递过程中发生交通事故的可能性,因此,应承担一定的用工管理责任。

其次,遵守交通规则是一个完全民事行为能力人在日常生活及工作中所应当具备的理性认知,即使快递公司未对杨某进行此方面的培训,杨某亦应当自觉遵守。交通事故认定书载明杨某在交通事故中负全部责任，故杨某对该起事故及损失的发生具有一定的过错，应承担相应的法律后果。

此外，如果快递员在履行职务过程中发生交通事故的赔偿责任全由快递公司承担，这极易导致快递员忽视交通规则，侵害到不特定多数人的合法权益。因此，由快递员、快递公司共同承担高风险下可能产生的责任赔偿有两方面的好处：一是可以对快递员起到警示作用，督促其自觉遵守交通法律和法规，保证交通安全；二是可以促进快递公司作为经营管理者树立风险分担意识，提高经营管理水平，积极寻找降低风险措施和合理分担损失的方式。因此，法院综合考虑双方的过错程度、杨某的收入水平及负担能力，酌情确定杨某应赔偿快递公司一定经济损失。

从法院的裁判意见中可以看出，在用人单位追偿权的案件中，法院是根据工作本身的风险程度、用人单位的管理责任、行为人的过错程度、双方的受益情况、经济状况等综合考虑，来确定追偿的比例。从实践来看：

第一，不支持用人单位全额追偿。

第二，侵权行为人即劳动者在侵权案件中的过错比例，与追偿权纠纷中用人单位的追偿比例并没有必然联系，仅是作为参考因素。

根据《工资支付暂行规定》第十六条的规定，用人单位要求劳动者赔偿损失的，首先需要有劳动合同或者规章制度的明确规定，而且规章制度应当具备法律规定的合法性要件。

其次，要求劳动者赔偿损失的前提是该项损失已经实际发生，用人单位对此有举证责任。

最后，用人单位从劳动者工资中扣除应当赔偿的经济损失的，应当符合《工资支付暂行规定》的要求，即每月扣除的部分不得超过劳动者当月工资的20%，扣除后的剩余工资不得低于当地月最低工资标准。

84.快递申诉的行政调解

快递业对人们生活保障作用逐步增强，快递服务中的消费纠纷也在增多，如"快递不给我送到家""我家孩子才睡着快递就敲门""我上班时间快递员多次打我电话"。申诉原因有主客观因素，也有网络根据个人喜好的信息推送造成的思维固化，以及诉讼时间长成本高、纠纷标的物低值等因素，消费者越来越多采取向主管部门申诉的行政调解方式来主张权利。

行政调解是指行政主体在行政管理范围内，在事实、是非清楚，不损害国家利益、公共利益和他人合法权益的前提下，以国家法律、政策和善良风俗为依据，以自愿为原则，主持相对人友好协商，达成协议，消除争议的一种纠纷解决机制。

"善良风俗"强调行政调解活动应当遵守社会的伦理道德、风俗习惯。调解不但要以情感人，更要以理服人，而不是无原则地"和稀泥"。同时，行政调解应建立在正当考虑的基础上，行政调解的内容应符合情理。社会的和谐稳定比任何诉讼改革都更为重要。我们过去偏重将迄今为止的司法仅仅作为争执的裁判，而未主要作为争执的预防来认识，过多寻求法律外科手术式的治疗，而较少注重法律自身健康的防护。但考虑到每年花费在诉讼上惊人的金钱、时间和人力，在我看来，人们倡导的与诉讼对立的和解已成为迫切的需要。因为法律秩序也是和平秩序，如果能为"热爱和平"而放弃"好的法律"，法律秩序就会在某些琐碎案件中发挥最佳作用。不以制定法为依据，而是侧重当地的行为标准和通常思维的善良风俗，绝不妨碍在"即时"案件中获得实质正义。在于这些"常识"是在处理纠纷"真正"的关键问题，也在于其并不是僵化地适用法律规则，而是寻求当事人都予以认可处理结果，部分在于其处理方式更加符合伦理。

在"服务行政"理念"声势浩大"的浪潮中，行政调解是纠纷当事人、行政主体、人民法院乐意选择的有效的纠纷解决途径之一。进入新时代，以人民为中心，对行政调解的任何关心都不为过。申诉的目的不是程序是否合法，而是化解百姓纠纷，这样才能"心平气和"地走向"和谐社会"。

85.新业态下消费者权益保护：七天无理由退货与快递服务

2022年12月27日，《最高人民法院关于为促进消费提供司法服务和保障的意见》发布，其中两个条款涉及电子商务与快递：

7.加强新业态下消费者权益保护。消费者通过网络购买商品，有权依法自收到商品之日起七日内退货，无须说明理由，但是法律另有规定的除外。消费者因检查商品的必要对商品进行拆封查验且不影响商品完好，电子商务经营者不得以商品已拆封为由主张不适用七日无理由退货制度。电子商务经营者作出更优承诺的，应当遵守。收到商品七日后符合法定或者约定的合同解除条件，消费者主张及时退货的，人民法院应当依法支持。

8.加强快递服务消费者权益保护。因快递人员擅自使用快递商品、违规打开快递包装、暴力分拣快递等故意或者重大过失行为导致快递商品丢失、毁损，消费者请求赔偿损失，快递服务提供者依据免责条款提出免责抗辩的，人民法院对其抗辩不予支持。经营者向消费者盲发快递，消费者请求无条件退货的，人民法院应当依法支持。

《最高人民法院关于为促进消费提供司法服务和保障的意见》明确了"七日无理由退货"这个常态场景的解释，即消费者为了查验货品而拆封属于正常需求，而电子商务经营者不得以此为由主张不适用七日无理由退货制度。也就是说，拆了封一样适用"七日无理由退货"，这是一种避免争议的明确解释。同时提出，"快递人员擅自使用快递商品、违规打开快递包装、暴力分拣快递等故意或者重大过失行为导致快递商品丢失、毁损，消费者请求赔偿损失，快递服务提供者依据免责条款提出免责抗辩的，人民法院对其抗辩不予支持"，明确寄递过程产生拆封的快递公司的责任，明确责任边界，解决用户拆封与快递服务质量之间的矛盾。

消费者与电子商务经营者之间的纠纷一般分为两种：

第一，消费者收到货品拆封查验时发现了问题，但电子商务经营者一方以拆封为由不执行"七日无理由退货"，引发无尽扯皮，这对消费者来说不仅是一种权益的伤害，而且从更大角度来说是对电子商务新业态自身发展的一种潜在伤害。

第二，包装拆封主体的确认问题。消费者拆封是合法行为，而快递员打开快递包装是违法行为。快递人员在日常处理退货件时要有证据意识，这表现在商家的极力推诿上，他们会找出各种理由不予退货，其中最常见的就是反向掣肘"七日无理由退货"，这给消费者的消费欲望带来了极大的制约和打击，也给快递服务带来过失或无过失风险缠结。

中国是电子商务最发达的国家，我国电子商务正处于高速发展期，快递业务量多年稳居世界第一。这对于畅通国内经济循环和服务于拉动内需都起到了极大的推进作用。党的二十大报告也明确提到了这种新业态的发展模式，即"加快发展物联网，建设高效顺畅的流通体系，降低物流成本"，并给予了更高的希望和预期，因而在将来这种发展迅猛的势头还会继续。

明确消费者因检查商品的必要对商品进行拆封查验且不影响商品完好，电子商务经营者不得以商品已拆封为由主张不适用七日无理由退货制度的同时，又强调因快递人员擅自使用快递商品、违规打开快递包装、暴力分拣快递等故意或者重大过失行为导致快递商品丢失、毁损，消费者请求赔偿损失，快递服务提供者依据免责条款提出免责抗辩的，人民法院对其抗辩不予支持。这解决了快递与电商对国内经济循环的掣肘，消除消费者负面感受就会反作用于拉动内需的消费。

《最高人民法院关于为促进消费提供司法服务和保障的意见》及时关注了这些新业态问题，并站在法律护航新业态发展的高度上给予了通透明确的解释。这有利于消费者保护自己的权益，全面释放消费潜力，有利于快递公司提高服务质量，在更高的层面上助力国内经济循环和拉动内需、创造内需。

主要参考文献

［1］汤双和，白皙．辽宁省邮政快递业法治政府建设现状与展望［M］//李林，林志敏，田禾．法治蓝皮书·辽宁法治发展报告No.1（2021）．北京：社会科学文献出版社，2021．

［2］科瓦西奇，林至人，莫里斯．以竞争促增长：国际视角［M］．北京：中信出版社，2017．

［3］哈耶克．作为一种发现过程的竞争——哈耶克的经济学、历史学论文集［M］．邓正来，译．北京：首都经济贸易大学出版社，2014．

［4］中共中央文献研究室．习近平关于全面深化改革论述摘编［M］．北京：中央文献出版社，2014．

［5］施托贝尔．经济宪法与经济行政法［M］．谢斌，译．北京：商务印书馆，2008．

［6］郭宗杰．行政垄断之问题与规制［M］．北京：法律出版社，2007．

［7］罗豪才．行政法学［M］．北京：中国政法大学出版社，1996．

［8］孙晋．习近平关于市场公平竞争重要论述的经济法解读［J］．法学评论，2020，38（1）：1-13．

［9］汤双和，黄木子，白皙．促进电子商务和快递业发展的邮政业法律图谱研究［J］．辽宁公安司法干部学院学报，2019（2）：89-93．

［10］池凤彬，刘力臻．日本征信业的历史沿革及运营机制分析［J］．现代日本经济，2018，37（5）：81-94．

［11］刘文良．推进我国快递包装立法的思考［J］．中州学刊，2018（3）：62-66．

［12］季林云，韩梅．环境损害惩罚性赔偿制度探析［J］．环境保护，2017，45（20）：52-56．

［13］钭晓东，杜寅．中国特色生态法治体系建设论纲［J］．法制与社会发展，2017，23（6）：21-38．

［14］闫海，解玉玺．我国邮政普遍服务成本补偿法律机制研究［J］．市场经济与价格，2017（3）：41-44．

［15］公丕祥．经济新常态下供给侧改革的法治逻辑［J］．法学，2016（7）：

17–30.

［16］刘莘，金成波．立法成本收益分析在中国：理念更新与制度确立［J］．江苏社会科学，2016（3）：148-155．

［17］张冬阳．德国邮政市场的管制及其对我国的启示［J］．德国研究，2015，30（1）：82-92；135-136．

［18］林怀满．诚实信用原则的内涵及其完善路径［J］．人民论坛，2014（32）：112-113；205．

［19］尹少成．论行政法视野下的公用事业监管——以邮政监管为例［J］．学术论坛，2013，36（9）：191-194；202．

［20］郭宗杰．邮政普遍服务法律问题研究［J］．暨南学报（哲学社会科学版），2012（10）：95．

［21］冯祥武．民主立法是立法与社会资源分配的理性路径［J］．东方法学，2010（4）：147-154．

［22］易伟新．从驿站到近代邮政制度的演变［J］．湖南师范大学社会科学学报，2010（4）：132-135．

［23］黄春荣．个人信用征信制度建设浅探［J］．商业文化·学术版，2009（7）：56．

［24］张毅，贾玉平．我国《邮政法》修订的背景、历程和主要内容［J］．邮政研究，2009（5）：41-44．

［25］周俊红，于淼．近代中国公文传递方式的变迁及其原因［J］．历史教学，2008（18）：18-23．

［26］梁津明．论行政机关及其公务员行政法律责任［J］．法学家，1999（4）：25-33．

［27］姜延钊．邮政业改革的国际比较及评价［D］．长春：吉林大学，2010．

［28］习近平．深刻认识建设现代化经济体系重要性　推动我国经济发展焕发新活力迈上新台阶［N］．人民日报，2018-02-01（1）．

［29］习近平．在中央经济工作会议上的讲话［N］．人民日报，2014-12-12（1）．